竹原賢治
Takehara Kenji

「こうやって売ればいいんだよ！」

同文舘出版

はじめに

「今日は、カメラを買おうなんてまったく考えていなかったのに買っちゃったー！」

私が接客をしたお客様が、嬉しそうに必ず言ってくださるありがたいお言葉です。

なぜ、カメラを買おうとしていなかったお客様にまで、私はカメラを販売することができるのか？

それは、お客様の心を開くコミュニケーション接客を、誰よりも勉強し実践しているからです。

私は、栃木県宇都宮市にあるサトーカメラ宇都宮本店で店長を務めながら数々の販売日本一記録を樹立し、10万人商圏においてデジタル一眼レフカメラ・交換レンズシェア80％を叩きだす店の現役のトップ販売員でもあります。

われわれ販売員にとっての「売る力」とは、いったいどのようなものなのでしょう。

私にとっての売る力とは、ズバリ「お客様の心を開くコミュニケーション力」だと考えます。

あなたはお客様との会話の中で、相手の「心を開かせる」ということを考えて接客をしたことはありますか？

たとえば、接客をしながらお客様と会話を進めていくと、突然こちらが何も聞かないのに、お客様のほうから自分のことをワーッと話し始める。

きっとみなさんにも、このような経験があるのではないでしょうか。

お客様が心を開き、自分のことを話してくださるようになれば、おのずとお奨めすべき商品がわかり、どのようにお奨めすれば購入につながるかも、手に取るように見えてくるものなのです。

それができるようになれば、接客は一気に楽しいものになります。

圧倒的な販売力を身につけたいのであれば、まず目の前のお客様に心を開いていただくこと。

そのためには一回一回の接客からお客様を知り、目の前のお客様から学ぶ勉強法が必要になります。

本書では、現在進行形で毎日店に立ち、毎日お客様と向き合い、お客様の心を開いて圧倒的な販売を続けるリアル販売員である私が、「ズバリこうやって売ればいいんだよ！」と、売れる販売員になる方法を教えます。

「お客様の心を開かせる接客術」「接客を磨くための練習法」「圧倒的に売る販売員の考え方や習慣」「驚くほどバカ売れするためのヒント」「圧倒的ファンやリピーターを獲得する竹原流接客術」など、私が実際に実践している手法や体験談を中心に、具体的にわかりやすく解説していきます。

ぜひ、あなたも本書を参考にして、「売れる販売員」を目指してください。

２０１４年12月

サトーカメラ宇都宮本店店長　竹原　賢治

「こうやって売ればいいんだよ!」　目次

Chapter 1

販売率がグッと上がる お客様が心を開く接客とは

Chapter 2

自分を知り接客を磨く究極の練習法

Chapter 3

竹原流自己啓発！モチベーションと販売技術がアップする考え方と習慣

Chapter 4

バカ売れのヒントはお客様との接点にあり

Chapter 5
竹原流　圧倒的ファン・リピーター獲得力アップのルール

装丁・DTP／村上顕一

Chapter
1

1章
販売率がグッと上がる お客様が心を開く接客とは

Section
1-1
無碍な扱いをされなくなる接客の入り方とその心とは

われわれ販売員にとって、お客様に対するファーストアプローチ（お声がけ）はとても重要です。１００人にアプローチして、50人が商品の説明を聞いてくれたのか、30人が聞いてくれたのか、あるいは10人だったのかで売上げは大きく変わってくるからです。

そのファーストアプローチをお客様視点で見た場合、大きく分けて２つの販売員タイプに分かれます。

「見ているだけだから大丈夫」と無碍な扱いができる「断りやすい販売員」がいる一方で、いつの間にかお客様の懐に入り込み、商品販売につなげることができる、お客様側から見てどこか断りにくく「受け入れやすい販売員」の２つのタイプが存在するということです。

この差はいったいどんなところにあるのかを、みなさんは考えたことはありますか？

ここで重要なことは、前者も後者も、お客様にとってはそれほど深く考えて、話を「聞く」「聞かない」の判断をしているわけでないという事実です。もちろん、後者の販売員には親しみやすい笑顔があったり、声がけのタイミングがよかったり、話の振り方や聞きだし方が上手だったりと、何らかの長所があることでしょう。自分の長所を活かした接客をしたくても、お客様に話を聞いていただける接客のスタートができなければ、その後の販売に結びつけることはできません。

それらのやりとりを、一般的には本人の「センス」とか「感覚」とか「生まれ持った性格」の問題にして、上司も販売員本人も片づけてしまいがちです。しかし、それではいつまでたっても、「たまたま」とか「偶然」のお声がけによる販売から脱却することはできません。

どんなに笑顔が素敵で感じのいい雰囲気で、詳しい商品知識や提案能力を持った販売員でも、「何かお探しですか？」と質問し、お客様に「あ、大丈夫です」と言われてしまったら、「何かあったらお呼びください」程度しか返答できません。

圧倒的に売る販売員は「たまたま」ではなく、いつも「意図的」なアプローチをするものです。

私が新人販売員だった頃、このファーストアプローチがやはり苦手で、商品を見ているお客様にお声がけしても、「見ているだけだから大丈夫」と簡単に断られてしまい、いくら商品の勉強をして準備をしても、その先に話を進展させることができず、笑顔や愛嬌や爽やかさが足りないのかと悩んでいました。

休日のある日、友人の付き合いでケータイショップへ行きました。私は、自分のケータイに対して不満はなかったので、ただディスプレイに並んでいる自分好みの最新機種を手に取り、眺めていました。すると、男性の店員が近寄ってくるのが視界に入ったので、買う気もない私はすぐに身構えました。しかし、この販売員との出会いが私に大きな気づきを与えてくれることになったのです。その販売員の私へのアプローチはこうでした。

「こんにちは、私、ケータイ担当の塚原正典（仮名）です。よろしくお願いします」と、首から下がった名札を私に見せながら挨拶されました。

私は、その販売員からフルネームで挨拶され、「見ているだけだから大丈夫です」と言うつもりが、思わず「あ、はい……どうも」と挨拶してしまったことで、販売員の「塚原正典」さんと、しばし私が眺めていた機種について会話をすることになりました。

もともと、デザインだけで手に触れていたその機種が、そのとき私が使用していたケータイではできない、さまざまな楽しい機能や便利な機能があることがわかり、話が盛り上がって、どうしてもほしくなってしまい、結局付き合いできた私まで新機種を契約することになってしまったのです。

その帰り道、友人から「何で、お前まで買っているんだ」とからかわれる中で、塚原正典さんと自分の接客の違いを思い浮かべていました。そうなのです、販売員の塚原正典さんは、決して笑顔が特別よかったわけではありませんが、私に丁寧にフルネームで名乗り、さらに「よろしくお願いします」と挨拶をされました。

一般的に、礼儀を重んじる日本では、面と向かってフルネームで自己紹介されてそれを無視したり無碍な態度はとれないものです。少なくとも、自分はそういうタイプの客でした。

店頭接客であれば、自己紹介は最後と自分で決めつけて、それを後回しにしていた自分の接客スタイルに気がつきました。

いきなり名刺はちょっと重い……名札で自己紹介から接客スタート

私は、この気づきを早速、自分のお客様との接客のファーストタッチの部分に取り入れました。

店頭で、お客様にお声がけをするときは必ず名札を見せて、お客様に「こんにちは！　カメラアドバイザーの竹原賢治です。よろしくお願いします」と、自己紹介から始めたのです。すると、今まで「けっこうです」とか「見ているだけだから」と、お客様に最初から断られて悩んでいた私でも、お客様は私の挨拶に話を聞く姿勢で、「どうも」とか「あ、はい」と、断りではなく受け入れの反応を返してくれるではありませんか。

最初はドキドキでしたが、フルネーム挨拶を繰り返す中で、自分のペースやタイミングのコツがわかって、その後の接客の会話につながり、さらに販売にも大きく結びつく「きっかけ」となりました。

今は、店長として指導する立場ですが、新人の販売員でもこの挨拶からのお声がけを勉強すれば、確実に7割以上のお客様はお声がけ後も話を聞いてくれて、その後の販売に結びつく大きなきっかけになっています。

Summary

お客様へのファーストアプローチは、自己紹介の挨拶から始めよう

Section 1-2

「今日は話だけ聞いて帰ってください」と言うと、面白いほど売れる

私が接客をする上で一番心がけていることは、「お客様が安心してゆっくり接客を受けやすい空間を作りだす」ということです。

いつも、相手の気持ちや立場に自分を置き換えて、**お客様の今の気持ち**だけを会話の瞬間瞬間に考えているのです。

たとえば、お客様は「下見で見に来ただけなのに、必死に販売員に売り込まれたら面倒だな」とか、「興味はあるけど、買うつもりもないのに話だけ聞くのも気が引けるな」と思っているお客様は大勢いらっしゃいます。

ですから、お客様に安心して接客を受けていただくために、あえて商品紹介を始めるときに「今日は、話だけ聞いて帰ってくださいね」と、先にお客様に「私は無理な売り込みをするような販売員ではありませんから安心してください」と宣言をするのです。

私は、売れない販売員時代、自分の実体験からこんな学びがありました。

24歳のとき、結婚をするにあたり妻への結婚指輪を選ぼうと、慣れない宝石屋に何店舗も足を運びました。ちょっといいなと思うと予算オーバーで、あこがれの楽器が欲しい少年のように、ショーケース越しに商品を覗きこんで見るのですが価格の違いの意味もさっぱりわからず、女性の店員さんに勇気を振り絞って声をかけてみました。

すると、その女性の販売員さんだけは、「今日は、話をゆっくり聞いて帰ってくださいね」と、接客の冒頭で優しく声をかけてくれたのです。この、私の気持ちを察した一言にどれだけ私の気持ちが救われたことか。

そこから私は、その販売員さんをちょっと信頼するところからスタートし、熱心で詳しい商品説明や提案を受ける中で私の話をいろいろと聞いてくれる彼女への信頼は徐々に深まっていき、予算をオーバーしたもののその日の購入に至りました。

そのときの私の購入に至った心境はもちろん、商品が気に入ったということもありましたが、「今日は買わなくてもいいんだ」と、安心して接客を受けられただけでなく、「この販売員さんは誠実そうだな」と、最初から印象がよかったことも、後から振り返ったときに大きな要因となりました。

早速、私は自分の仕事に置き換え、金額に関係なく、商品をご紹介する際には「今日はお話だけでも聞いて帰ってくださいね」と、優しく笑顔でお客様に伝えるように接客スタイルを変えました。すると、自分自身いつも「何とか買ってもらいたい」と思って接客していた気持ちから心にゆとりが生まれ、「お客様が買うか買わないかよりも、まずお客様に商品のよさを知っていただこう」という思いで接客するようになったとたん、成約率も一気に伸びました。

「今日は、お話だけ聞いて帰ってください」

一般的には、そんなことをお客様に言ってしまったら、今日は買ってもらえなくなるじゃないかと思われがちですが、お客様は商品が本当に欲しいと思えば、どのタイミングでも必ず買っていただけるものなのです。

それよりも〝買って欲しい〟オーラ全開の販売員では、その気持ちもお客様に伝わってしまい、安心して接客を受けられなくなるものです。そういった販売員からは、お客様も買いたくはならないのです。

お客様に「今日は買わないよ」と先に言わせているようでは、まだまだ半人前だということです。

Summary

〝買って欲しい〟オーラ全開では、お客様は安心して接客を受けられない

Section 1-3

お客様に座ってもらい接客をしたほうがズバリ売れる

私の勤めるサトーカメラ宇都宮本店の店舗内には、たくさんのイスやテーブルやソファーがあります。入口からカウンターまでの導線一等地には、商品ではなくテーブルやイスが設置され、そこではわれわれ販売員が座ってお客様にカメラの接客をしたり、お客様と写真を見ながら談笑しているのが当たり前の光景となっています。あえて、人通りの多い一等地に商品を置くのではなく、お客様に座ってくつろいでゆっくりしてもらってもよい店だと知っていただき、お客様に楽しくわれわれ販売員が接客している風景を、パフォーマンスとしても見ていただきたいと思っているからです。

当初上司からは、一等地に商品を持ってこいと反対されましたが、自分にはどうしても譲れない気づきと確信がありました。

来店された30代のご夫婦のお客様。ママさんのお腹には赤ちゃんがいました。これは、買いに来ているると、当時入社3年目の私は一所懸命にビデオカメラをお奨めしました。ママさんは立って話を聞いているのがたいへんそうに見えたので、接客のスピードを速めて早く商品を絞り込んで買っていただくことが最善だと考えて進めたところ、ご夫婦が帰ろうとするそぶりを見せ始めました。

それを見ていられなかったのでしょう。同僚の女性販売員がイスを用意してくれてママさんに座ってお話を聞いてくださいと促すと、「ありがとうございます」とニッコリ微笑んで、また私の話を聞いていただけることになりました。私も、じっくりお客様に集中して接客をすることができるようになり、同時にお客様も私の話を集中して聞いていただいているように感じました。その後、無事販売にはつながりましたが、いかにお客様のことを考えていなかったか、自分自身思い知りました。

そして、同時に気づいたのは、お客様に座っていただいて接客をすることで、お客様がより集中して話を聞いてくれやすくなる→自分も集中して接客がしやすくなる→時間をかけて商品のよさをより伝えられる→滞在時間も伸びる→お客様との距離も縮まる→購買につながりやすいのではないか、という仮説を立てました。妊婦さんに限った話ではなく、体が不自由な人も、そうでないお年寄りも、若者も、子どももずっと立って接客を受けるのはたいへんだし疲れます。同じ接客を受けるなら、くつろぎながら集中して聞いてもらったほうが購買につながりやすいと感じたのです。

これが、ズバリ当たりました！　当初は間に合わせの、会社にあった小さなテーブルとイスでしたが、お客様にゆっくり座っていただいて接客をしたところ、立って接客するときに比べ30%以上も成約率が上がったのです。徐々にテーブルやイスを増やし、店内のどこでお客様を接客してもすぐに座っていただけるようにしました。

今では、まるで車のディーラーや住宅展示場に来店されたかのような演出でお座りいただき、サービスでコーヒーやお茶をお出しして驚かれています。まさか、カメラ屋に来てお茶のサービスがあるなんて!?　と。この期待を超える意外性が、お客様からすればうれしいのだと思います。現在では、サトーカメラ全店でもお客様にお座りいただいて接客を

お客様には座ってもらって接客をするのが一番！　ゆっくり話を聞いてもらえます

するということが当たり前になっていることが、この方法が成功し業績を伸ばしているという証です。

余談ですが、私は若かりし頃ナンパに明け暮れる毎日でした。その当時のことを現在思い返してみると、動いている女性に声をかけるよりも座っている女性に声をかけたほうが話をきちんと聞いてくれることが多く、立ち話よりも成約率が高かったことを思いだします。

Summary

座って接客することでお互いに話に集中することができ、それが成約率アップにつながる

Section 1-4

よく笑う販売員はお客様にも笑いが伝染！お客様が笑うともうすぐ実売

仲間の販売員に、「楽しそうに笑ってみて！」とお願いしてみてください。これに対する反応だけで、売れる販売員か売れない販売員かおおよそ察しがつきます。売れない販売員は瞬時に相手に乗れず、「えっ!?　なんで？」と逆に質問をしてくるはずです。まぁまぁ売る販売員はニコっと笑顔だけ作ってくれます。売れる販売員は相手に乗っかって笑い声をあげて応えてくれるでしょう。圧倒的に売る販売員は、瞬時に相手に乗っかって高らかな笑い声をあげて手を叩いて笑ってくれるはずです。この姿を見たあなたは、思わずつられて一緒に笑ってしまうことでしょう。売れる販売員ほど、笑うことの本当の意味を接客の中で理解し、意図的に活用して相手にまで影響を与えてしまうのです。

接客に笑顔は大切です。接客中の笑顔は、お客様に好感を持っていただくきっかけになります。しかし、笑顔だけをいくら練習しても、「この人から買いたい！」と販売に直接結びつく原因にはならないことも、これまで繰り返してきた接客の中で私は知っています。

では、お客様はどういう販売員から買いたくなるのか？　そのひとつは、自分の話をよく聞いてくれて、共感をしてくれる話しやすい販売員です。会話の中で声に出して「笑う」という非言語は、決してお客様に失礼なことではありません、あなたの話を「共感」した、「理解」したという意味合いが実は強調されていて、お客様と購買へ向けたコミュニケーションを深める重要な動作となり、リピーターやファン拡大にもなるのです。

私は、自分の店でお客様から「笑い声で、店長が店のどこにいるのかすぐにわかる」とよく言われくらい、どこでもいつでも笑い声をあげて楽しく接客をしています。お客様との会話の中に笑い声をあえて入れることで、お客様に親しみやすさや安心感を与え、お客様の心を開き、居心地のよさまで演出します。そして、笑い声がお客様にまで伝染してくれば、お客様が心を開いてくれた証拠です。「この人から買いたい」と販売にもつながる要因に大きく発展していくのです。

これは、難しいことはありません、ポイントは、「少しオーバーかな？」と思う程度でいいですから、お客様との会話の中にふだんの笑い声を入れてあげるだけです。お友達や家族と談笑しているときの、日常のあなたのいつもの笑い声でいいのです。

私の店の江連カンナは入社2年目、弱冠20歳ですが、個人成績は15人の同期の中で常にトップです。江連を指名で来店されるファン、リピーターの数は100人を超えます。まだ入社2年目の経験も浅いフツーの女の子ですから、傍から見ていても群を抜いて接客の話術が上手なわけではありません。どちらかと言えば、商品を説明する時間よりも、お客様のお話を聞いている時間のほうが圧倒的に長いのです。では、なぜそんな彼女が販売実績を伸ばし、お客様から支持される人気者になったのでしょうか。

高校を卒業して入社したばかりの頃の江連は18歳ですから、箸が転げてもおかしい年頃でした。私のつまらないボケにも、いつも楽しそうにケラケラと大声で笑ってくれるような子だったので、すぐに先輩社員からも可愛がられようになり、店に馴染んでいきました。

しかし、いざ接客になると、彼女の楽しい笑い声は一切聞こえず、ただニコニコしているだけで話は弾まず、楽しんで接客するというよりもお客様に失礼がないように気にしながら接客しているように見受けられました。

本人も、お客様とのコミュニケーションがうまく取れず、販売実績も伸びずかなり悩んでいたので、ある日、私は彼女にこう聞いてみました。

「お客様に好かれる接客がしたいの？　お客様に嫌われないように接客したいの？」

彼女は「ん〜〜……」としばらく考え、「お客様から好かれる接客がしたいです」と答えました。

私は、「今の江連さんはお客様に失礼がないように、嫌われないように接客しているように見えるよ。いつもの素のままでいいから、とにかくお客様のお話にたくさん笑って共感しよう。たったそれだけで、お客様がもっと話したいって思うくらい魅力的に見えるはずだから」とだけアドバイスしました。

まだ接客のキャリアの少ない彼女に接客のイロハを教え込むよりも、自分の長所を活かしてあげること、とくに笑い声はお客様に好かれる最大の武器になることを私は知っていたからです。

その後、彼女の接客は大きく変わりました。いつでもどこでもお客様のお話にいつもの「ケラケラ」と楽しそうなあの笑い声が、高らかに店内で聞こえるようになりました。そして一番変わったのは、お客様が江連につられて一緒に楽しそうに笑って談笑しながら盛

たくさん笑うほど、お客様にも笑いが伝染！

り上がり、商品を購入してお帰りになる頃には、まるで友達のようになっていたことです。たったこれだけの変化で販売成績が急激に伸びて、江連を指名して遊びに来ていただけるお客様が増えました。江連に朝礼の際、スタッフみんなの前で自分自身何が変わったのか発表してもらうようにお願いをすると、彼女曰く「売れなかった頃は自分が接客を楽しいと感じるか、つまらないと感じるかはお客様主体で決まっていました。今は接客がすごく楽しくなりました、それは、〝自分が主体となってお客様を楽しませたい！　仲良くなりたい！〟と考えるようになったからだと思います。たくさんのお客様にお買い物をしていただくには、お客様と仲よくなることが大切で、それにはいっぱい自分が笑って、お客様が話しやすい相手になることが必要なのですよね」と。

繰り返しになりますが、「笑う」という非言語は、あなたの話に「共感」した、「理解」したという意味を大きく強調し、接客のプロセスの中で、お客様の気持ちを盛り上げる重要なコミュニケーション動作になるのです。会話の中でお客様まで笑い声をあげたら、お客様との距離が縮まった証拠であり、販売にも近づいた証拠です

Summary

「笑う」ことは相手の話に共感し、理解したことを強調する重要な動作だ

Section 1-5

お客様が思わず引き込まれる接客は言語3割・非言語7割

私の知っている「売れる販売員」の共通点は、非言語コミュニケーション能力に長けているということです。人間のコミュニケーションというのは、「話し言葉」にしても「文字言語」にしても、言語によるコミュニケーションばかりが重要視されている感がありますが、実は現実のコミュニケーションの場においては、表情や身振り手振りなどの動作（非言語コミュニケーション）のほうが、伝える情報量ははるかに多いのです。

とくにわれわれの接客販売の中では、実は言語3割、非言語7割の割合で相手に情報が伝わっていると言っても過言ではありません。お客様により多く販売することができて、人を惹きつける販売員はいつも表情も豊かだし、喜怒哀楽の感情表現を体全体で表現しているように見えます。相手に、自分の思っていることがわかりやすく伝わりやすいのが特徴です。

たとえば、うれしいときには「うれしい」という言葉だけでは、どの程度までうれしいのか、相手には3割程度しか伝わりません。ところが、万歳をしたり、飛び跳ねたり、顔がしわしわになるくらい微笑んだり、ハイタッチしたり、握手を求めるなど、これらの非言語が組み合わさって、はじめて相手にどれくらいうれしいかが伝わるものなのです。ならば、われわれ販売員はお客様に対して、興味を持って真剣に誠実に考えていることを感じ取っていただいたほうが、より販売する件数も伸びるというものです。

売れない販売員の多くは、こうした非言語コミュニケーションができていないことに気がついていません。たとえば、お客様ではなく商品を見ながら接客をしているケースはまさにそれです。お客様と会話をしているときには目を合わせているのに、商品の紹介に入ったとたんに一所懸命になりすぎて、お客様そっちのけで商品ばかり見ながら接客をしている販売員を見ていると、いつも「もったいないなぁ」と思ってしまいます。お客様の目を見て話すということ、すなわちアイコンタクト接客はお客様視点で考えると、自信を持って自分のことを考えて奨めてくれているようにお客様が感じ取る重要な非言語コミュニケーション接客のひとつなのです。そして、お客様の目を見ていれば、商品をお買い上げいただくことにつながる、さまざまなサインを出してくれていることに気がつくものだということも同時に知ってください。

たとえば、お客様も自分に目を合わせて話を聞いていていただいているようであれば、お客様もあなた自身のことを受け入れて、購入を前提にきちんと話を聞いてくれています。お客様が自分の目を見てくれていなくて、他の商品を見ながら視点が定まっていないときは、お客様がもう少し他の商品も見てみたいと思っているサインです。お客様の視点が、上を見ながら考えているようなそぶりのときは、あなたの話を聞きながら商品をご購入後のイメージを思い描いている場合が多いので、あなたの実体験や見本写真などを多く用いて、さらにお客様のイメージが膨らむようなアドバイスをしてあげると効果的です。「うーん」と商品を一直線にじっと見つめながら考え込んでいるようであれば、商品の購入を迷っているサインです。たとえば、「月々3000円でお買い物もできますよ」など、クロージングにつながるような話をご提案し、背中をそっと押してあげるようなアクションを起こすと効果的です。

このように、視線や目の動きだけで相手に与える印象も大きく変わるし、お客様が直接口には出さないけれども頭の中で考えていそうなこと、迷っていることを目の動きから洞察して、商品を変えたり、提案内容を変えたりして接客を進めていくことはわれわれ販売員にとって、とても大切なことなのです。昔から「目は口ほどにものを言う」とはよくいったものです。

そして、お客様との心の距離を縮める非言語接客を学ぶため、私が一番お奨めするのは、あなたが一番コミュニケーションをとりやすいと感じる目の前のお客様との接客です。

たとえば、何度も頷きながらあいづちを打って話を聞いてくれるお客様は、接客がしやすくコミュニケーションがとりやすいと感じたことはありませんか？　この、頷く、あいづちを打つという動作も、非言語コミュニケーションなのです。さらに、あなたのアドバイスをお客様がメモをとりながら聞いてくれたとしたら、話し手の販売員としては、「このお客様は一所懸命に話を聞いてくれているな」と感じ、もっと一所懸命に相手のことを考えたくなるはずです。お客様にも同じことをしてあげればいいのです。お客様も、同じように好意を持ってくれるはずです。話しやすいお客様だなと感じたら、そのお客様のどの部分が話しやすいと感じたのかを分析し、自分の接客にぜひ取り入れる勉強をしてください。

逆に、お客様を苦手なタイプだと感じたら、どの部分が苦手だったかを自分でしっかり検証することです。そこから学ぶことで販売率はもっともっと伸びていくはずです。

Summary

接客の中での非言語コミュニケーションの重要性を認識しよう

Section 1-6

5W2Hがカギ! きちんとヒアリングすれば必ず売れる

企業では、上司への報告や企画書の作成、事業計画など、仕事のあらゆる場面で必要になるものとして5W2Hがあります。

①WHO?(誰が)②WHEN?(いつ)③WHERE?(どこで)④WHAT?(どんな、何を)⑤HOW?(どのように)⑥WHY?(なぜ、どんな目的で)⑦HOW MUCH?(いくらで)の略語です。私は、この5W2Hを接客に活用することが、販売員としての接客技術のレベルを格段にアップさせると確信しています。5W2Hを接客に活用することで、お客様の趣味嗜好やライフスタイルなどの情報を明確に捉えることができ、お客様のニーズにぴったりの商品選定や用途に見合った提案へと必ずつながります。

そして、お客様への商品の紹介は説得力を増し、この販売員は消費者のニーズを気持ちよく汲み取ってくれる人だという信頼を得て、お客様の心を開かせて購買率アップに確実に結びつくようになるものなのです。

あなたがもし、カメラ屋で働いていて、30代の主婦に「遠くまで望遠ができる小さなデジカメを探している」と相談されたら、どのように接客を進めていきますか？　私なら、このお客様の情報だけでは、お客様にぴったりのカメラをご紹介することはできません。誰が使うのか？　ご使用になりたいのはいつ頃なのか？　どこで使うのか？　どんな用途で撮影をされるのか？　どのような写真を残したいのか？　これらを接客の会話の中で少しずつヒアリングすることで、はじめてお客様のライフスタイルが明確に見えてきます。これにより、求めている潜在的なニーズまで深く知ることができるのです。

この5W2Hを用いた接客で、お客様に具体的にヒアリングしていった結果、たとえば次のような内容になるのかもしれません。


WHO？（誰が）「小学校2年生の娘が」

WHEN？（いつ）「来週の土曜日に」

WHERE？（どこで）「上野動物園への遠足で」

WHAT？（どんな何を）「簡単に使えて、子どもでも持ち歩けるサイズの小さなものでキティちゃんが好きだから、カラーはピンク色で」

HOW？（どのように）「アップで写せるデジカメで」

WHY？（なぜ、どんな目的で）「パンダを大きく撮りたいから」
HOW MUCH？（いくらで）「予算は子どもが貯めたお小遣いの1万円の範囲で」
などなど……

ここまで具体的にお客様の情報をヒアリングできれば、あとは、「それならば、お子様にピッタリのカメラはこちらになります！　理由はですね……」と、説得力のある商品紹介ができるようになります。お客様からは「なるほど！」と商品をご購入いただく大きな後押しにもなるのです。そして、お客様から「ありがとう」と感謝される。これが接客の面白さであり、やりがいです。お客様がどんな商品が欲しいのか自分自身で問題解決できるなら、今の時代、ネットで商品を購入して終わりです。わざわざ来店されるお客様は、自分で調べるのが面倒だとか、買い物に失敗をしたくないとか、プロの専門的なアドバイスを直接聞いて参考にしたいなど、さまざまな理由があるのです。だから、われわれ販売員の存在意義があり、現物を生で見て触って体感ができる店の存在意義もあるのです。

よく、5W2Hをお客様から聞きだすときにはどういう順番がいいですか？　と質問されることが多いのですが、順番などありません。

だって、お客様も十人十色で接客も10人いれば10パターン、100人いれば100パターンで、聞きだす順番も毎回変わって当然だからです。

お客様との会話を楽しみながら、「誰が」「いつ」「どこで」「どんな何を」「どのように」「なぜ、どんな目的で」「いくらで」の7つのワードを意識しながら、決して尋問にならないように具体的にお客様から楽しく聞きだすことを心がけてください。お客様は自分の身の内話をすればするほど、販売員である私たちを信頼し、心を開いてくれてお買い物をしていただけるものなのです。

Summary

接客の会話の中でお客様のライフスタイルを知り、潜在ニーズをつかむ

初対面のお客様とすぐに打ち解ける方法とは

私が毎週レギュラー出演している、地元のラジオ番組、CRT栃木放送「サトカメGOGOショッピング」に、リスナーのお悩みを私がアドバイスをして解決するという人気コーナーがあります。

その中で、以前このような質問がリスナーから届きました。その方は20代の女性で、「私は接客業で販売の仕事をしていますが、仕事で初対面の人だと緊張してしまい、話していてもまったく盛り上がらず、いつも気まずい雰囲気になるのがつらいです。どうやったら、初対面の人とすぐ打ち解けることができますか?」というお悩みが届きました。

そうなのです。実際に接客業をやっている方でも、人見知りの販売員って、実は意外にも多いものなのです。何を隠そう、私も超人見知りの1人でしたのでこの方の気持ちがよく理解できました。

しかし、いつまでも人見知りで緊張すると逃げ回っていたのでは、売れるものも売れません。

そこで、私が自分なりに人見知りをいかにして克服し、圧倒的な販売力を身につけてきたのかをご紹介したいと思います。

まず、私がご提案したいことは、初対面の相手とのコミュニケーションのスタートは商品だと、まずは捉えるべきだということです。しかし、自分の店で扱っている商品だけでは、コミュニケーションツールとしては限りがありますから、お客様が身につけているバッグや時計、靴や洋服、帽子なども元をたどれば他店で購入した商品ですからそこにも着目し、そういったアイテム1つひとつがコミュニケーションツールとして存在しているのだと考えていただきたいのです。それらを活用しない手はありません。

たとえば、初対面の相手が身につけているアイテムが素敵だと思ったら、「素敵ですね。どこで買われたのですか?」、ヘアスタイルがお洒落であれば、「かわいいですね。どこでカットされているのですか?」と質問してみればいいのです。それだけでも、話は深まり発展していきます。しかし、これだけでは残念ながら会話はもちません。そこで、その次のステップとして自分のことをさらけ出していただきたいのです。だって、自分のことは何も話さないままで、相手のことを聞き出そうとしても、相手もバリアを張ったままですから会話は進展しません。そこで、自分から先に自分のことを話すと、相手も安心して心を開いてくれるものです。

とはいっても、自分の素性を自らさらすという接客ができるならば、元から悩みもないというものです。

そこで、お客様から話しかけてもらえるように仕掛けてみてはいかがでしょうか。私には、実体験でこんな成功事例の気づきがあります。

●苦手は最高の武器になる

私が勤めるサトーカメラでは、チラシに販売員のフルネーム入りの顔写真や出身校を本人のコメント付きで毎号載せています。

そのチラシを見て初対面のお客様が、当時売れない販売員代表だった人見知りの私に、「俺も同じ高校のＯＢだよ。竹原さん、家どこなの？」とか「竹原さんがチラシで奨めていた商品はどれだい？」と話かけてくれることもあり、そのチラシをツールにして商品を買っていただいたり、なじみのお客様になっていただいたことは、当時の自分にはとてもありがたいことでした。

そんなある日、私がプライベートで撮った家族全員の集合写真を先輩販売員が気に入って、「いい写真だから、大きく伸ばして店頭の見本サイズの写真に使わせてよ」と提案をされました。私は、嫁や子どもたちを切り売りするように店頭に飾って人様に見られるのは恥ずかしいから嫌だと伝えましたが、先輩も同僚も「こんなにいい写真、みんなに見てもらわなければもったいない」と、あまりにしつこいのでしぶしぶ了承をしました。ところが、その1枚の引き伸ばしたプライベート家族写真が、私の販売員人生を大きく変えることになるのです。

私が仕事をしていると、見知らぬ初対面のお客様から「あれ？　あそこの写真に写っている人？　お子さん可愛いわねー、いくつなの？」「奥さん美人だねー、あの写真は写りもキレイだけど、どんなカメラで撮った写真なの？」「ああいう家族写真は見ているこっちが幸せになるよね。集合写真の上手な撮り方教えてよ」と、たった1枚の写真がツールとなって、お客様からガンガン話しかけてくれるようになったのです。

もちろん、それをきっかけにしてカメラや商品が売れるようになってきました。黙っていてもお客様から声をかけてくれる……私は、そのことからちょっとした有名人になったような気分になり、ちょっとだけ味をしめ、店内の至るところに自分のプライベート写真を貼りだしました。その写真には、家族や友人の写真、趣味の風景写真、さらには私のケータイにはこんな写真が入っていますコーナーや、自分の使っているカメラの愛機や機材の紹介、そしてとうとう自分の結婚式のときの写真、学生時代、赤ちゃん時代の写真もプリントし自己紹介と写真に関するメッセージも書き添え貼りだしました。さまざまジャンルの写真があることで、目にとまるお客様の層の幅も広がるというものです。そして「カメラアドバイザーの竹原賢治です。写真やカメラのことは私まで気軽にお声がけくださいねー」と書き添え、わざとお客様に気づいていただき、話しかけてもらえるようなツールとして仕掛けたのです。

　私は、初対面のお客様から声をかけられることがますます増え、いい意味でさらに忙しくなっていきました。素性をさらしまくった私に対して、私のプライベート写真を見た初対面のお客様が、「若いのに結婚してたの？たいしたもんだなー」とか「子どもの頃の写真、お母さんにそっくりねー」とか「お友達

竹原店長のスマホの中にはこんな写真が入ってますコーナー

とBBQやっている写真に写っているこの人、私の部活の先輩なんです」と、お客様が積極的に話しかけてくれて、私を好き放題いじってくれたり、意外なお客様との共通点が発見できたりと、とにかく来店されたお客様が素性をさらした私の写真を見て親しみを感じて話しかけてくれるようになったのですから驚きです。そのやりとりの繰り返しから、徐々に今度は自ら「この写真見てくださいよー」と、自分のプライベート写真をツールにして初対面のお客様とでもすぐ打ち解けられるようになり、人見知りを克服していったのです。この手法はもちろん現在でも大いに活用していますし、スタッフにも推奨しています。

これは、どんな商品を扱っている店でも応用できる方法です。

人は、リラックスして話せるツールを探すものです。ぜひ、竹原流初対面の人にすぐに打ち解ける、自らをさらけ出す仕掛けを活用してみてください。

Summary

自分をさらけ出すことで、お客様に親しみを感じてもらうことは大きな強みになる

Section 1-8

信頼を得ると、お客様は自らを語り始める

売れない販売員と売れる販売員の差は接客だけに限らず、お客様に対する考え方の価値基準も大きく異なります。そのひとつは、お客様に対する勝手な思い込みがあるかないかです。

売れない販売員は、「あのお客様は、話を聞いてくれなそうだな」と、先入観だけで決めつけ、苦手なタイプだと思うお客様は自分の勝手な思い込みで避けてしまいます。また、「今日は写真を注文しに来店されただけのお客様だから」とか、「あのお客様は、すでに一眼レフカメラを持っているから」などと、自分に都合のいい理由をつけてお奨めしないことを正当化している販売員が圧倒的に多いのです。

売れる販売員は、客層を選ばずに誰にでもアプローチをします。「このお客様は買わないだろう」と勝手に判断せず、すべてのお客様に対して、「買うかもしれない」という発想で接客をしているのです。すると、意外なお客様が買ってくれることも少なくないのです。

つい先日も、こんなことがありました。

奥様が写真の現像を注文している間、時間つぶしにカメラコーナーをブラブラと見ている30代半ばのご主人がいらっしゃいました。スタッフがお声がけしたところ、「待っているだけだから」と言われ、そのスタッフは「ごゆっくりどうぞ」と引き下がってしまったようです。あらためて、私がそのご主人にご挨拶と自己紹介をすると、写真を注文されている奥様を指さし「待っているだけだ」と同じように言われました。

そこで私は、「今回は、どんな写真をご注文されたのですか？」と撮ってきた写真の内容について話を振りました。するとお客様は、「結婚式」とだけお答えになったので、「誰の結婚式だったんですか？」と会話を進め、大親友の結婚式のときの写真をプリントしに来店されたことや、式の当日にスピーチを任されたことなども教えてくれました。

「それは、緊張されたんじゃないですか？」「大親友の方とは何年来のお付き合いなんですか？」「結婚式場はどこだったのですか？」などと、私も興味を持って質問をしていると、ご主人は徐々に心を開いてくれるように話し始めてくれて、奥様はデジカメで何百枚も撮影したけれども、ご本人はスマホで撮影したのにその写真は焼いていないというお話もしてくれました。「せっかくだから、大親友のためにその写真もプリントしましょう」とプリントコーナーへご案内をしました。結婚式の写真は30枚ほど撮影されていて、明るいシーンではきれいに写っていたものの、暗いシーンはピンボケしている写真もありました。一緒に見ながら談笑して写真の注文を続けていると、ブレている写真を見ながら、ご主人が「ブレちゃってもったいなかったなー」とおっしゃったのです。

これは重要なキーワードです。私は、プロとして黙っていることができず、「暗いシーンにも強い一眼レフは使わないんですか？」と持ちかけると、「でかいし、一眼って高いんでしょ？」と言われました。一眼レフカメラが大きくて高いと感じているお客様は買わないという思い込みがない私は、「お客様が買う、買わないよりもどれだけ楽しいものなのかを体感だけでもして帰ってくださいよー」と伝え、一眼レフカメラのご紹介をしました。実際に撮影をしていただくと、お客様の目の色がすぐに変わりました。

お客様は、自分の知らなかった世界を体感し、プロみたいに簡単にきれいに撮れるんだね」と言いながらシャッターを切り続け、「実はさー、子どもの写真を撮るときにも今のデジカメだとうまく撮れなくてね。とくに最近小学校3年生の息子がバスケ部に入部したから体育館だと、暗くていい写真が撮れないんだよー。いつも嫁に、写真が下手だって言われているんだ」と、お客様が自らを語りはじめ、そこからは完全に私は聞き手に回りました。

その結果、最終的には写真の注文が終わった奥様も巻き込んで、交換レンズを付けて20万円のセットを買ってくれたのです。

私が商品に話を振るタイミングは、お客様が心を開いてくださったときです。会話を進めていくと、突然、こちらが何も聞かないのに、お客様のほうから自分のことをワーッと話し始めることがあります。

それは私を信頼し、心を開いてくれた瞬間で、私にはゴールが見えてきます。それまでの会話の中から、お客様がカメラをどのようにお使いいただいたらいいかイメージできているため、どのようにお奨めすればご購入につながるかが見えるのです。

お客様との会話では、ざっくりした大枠の返答の中からキーワードを見つけ、具体的な答えが返ってくる質問を投げかけるのがポイントです。話の中から、ライフスタイル、家族構成、カメラとの関わりなどの情報を収集し、会話のキャッチボールを進め、お客様が自分の事を話し始めたときが心を開いてくれた瞬間であり、商品をご紹介するチャンスになるのです。

Summary

商品に話を振るタイミングは、お客様が自分のことを話し始め、心を開いたとき

Chapter 2

2章

自分を知り接客を磨く究極の練習法

Section 2-1

接客シミュレーションをビデオに撮らないから、いつまでたっても売れない

私は売れる販売員育成に向けた勉強会「賢治の学校」を、月に2回の頻度で開校し、手を変え品を変えながら、販売スキルアップを目的とした勉強会を楽しく面白く実施しています。営業終了後の20時から2時間程度私の店で行なっているのですが、参加の強制はしません。それでも、勉強熱心な販売員が18店舗から集い、多いときには40〜50人が参加します。休日でも参加をするスタッフや、往復2時間以上をかけて参加する強者もいます。

その勉強会の中でも、販売員の接客力を高めると評判の実践法のひとつに、接客シミュレーションがあります。これが、ただの接客シミュレーションではありません。私がお客様役となって接客のロールプレイングをし、実際に当事者である販売員が自分自身どのような接客をふだんから行なっているのかを、私がお客様役を演じながらビデオカメラで撮影し、参加者全員と検証して気づいてもらうというリアルな指導を実践しているのです。

これだけ聞くと、「緊張しそう」とか「プレッシャーだな」と感じる方がいるかと思いま

すが、やってみるととても面白く、みんなで検証の映像を鑑賞するときには接客をした当事者本人、参加者全員の笑い声がずっと絶えない、自分発見、気づき満載の勉強会となるのです。ここで学んだ気づきは、翌日からすぐに接客の改善へとつながります。

まずは、私がお客様役になりきってビデオカメラを自分の目線で持って入店するところからスタートです。お客様役である私をお出迎えする販売員たちの笑顔は、好感が持てるものなのか？ ファーストアプローチでは、お客様視点でどのように映っているのか？商品のご紹介では、お客様のライフスタイルを知るために会話を楽しみながら5W2H接客（1章の6話参照）に沿ってお客様に興味を持ち、お話をよく聞き出してズバリ！ ぴ

ビデオに撮ると、接客の改善点がたくさん見えてくる

ったりの商品のご提案ができているのか？　自分自身の接客を客観的に見て買いたくなる接客ができているのか？　そして、クロージングに至るまでの一部始終をビデオカメラで撮影をした後で、参加者全員と検証して自分を客観的に知ってもらい、自分たちで問題点に気づいてもらいながら参加者みんなでお互いにアドバイスをし合うというものです。

その際、シミュレーションを途中で中断して、「ああだこうだ」と指導したりはしません。本人は、ふだんの接客では自分自身を客観的には見ることができないため、途中でカメラを止めずにノンストップで行なうことがポイントなのです。

参加者からは、実際にこんな声が上がり、結果を出す販売員が続出しています

・「お客様の目線ではじめて自分の接客を客観視できたことで、接客中に全然笑っていないことや商品説明に一所懸命でお客様のことをまったく見ていないことに気づきました。最近売れていなくて悩んでいたので、意識的に改善できそうです」

・「お客様に投げかけた質問の返答に対して、自分がこんなに聞き流していたとは思いもしませんでした。自分ではもっとできているつもりだったので、ふだん店長から指導されていた意味が今日はじめてよく理解できました」

・「自分の接客トークは、購入を迷っているお客様に対して言い切る接客ができていなかったため、よけいにお客様を迷わせて帰してしまうことが多かったことに気づきました、も

っとお客様に対して自信を持って言い切れる接客をしていきます」
・「接客販売の上手なスタッフが売れている理由が、動画を見ながらよくわかったし勉強になりました。自分との違いを比較して考えたときに映像を見ながら、はじめて自分に何が足りていないかが明確にわかりました」

など、販売員自身が多くの気づきを得て学び、翌日から結果が出たと報告をもらえることが多々あるのです。ちょっとしたきっかけで自己成長に大きくつながるのですから、自分を知ることがどれだけ大切かを、私は日々実感しています。

今は、簡単に動画が撮れる時代です。もっと接客を磨いて販売数量を伸ばしていきたいと思うのであれば、自分の接客をビデオで撮影することをお奨めします。

この一番のメリットは、自分の接客をお客様視点で客観的に見られることです。そこで、初めてできていないことを自分で気づき、自分と向き合える時間が生まれることがポイントです。自分の姿を客観的に見て、何も感じないという人は1人もいません。ぜひ、みなさんも客観性が身につくこの方法に、スタッフ全員でチャレンジしてみてください。

Summary

自分の接客を動画に撮って客観視することが、接客技術の向上につながる

Section 2-2

接客シミュレーションではお客様役は徹底して断らないと無意味

ビジネス会話のテクニックで、応酬話法というものがあります。

相手の意見に「NO」と言わないことが重要で「おっしゃる通りです」と、相手の話に乗りながらも話を終わらせず、「だけど」、「しかし」と自分の主張も相手に提案することが相手の心を開かせるポイントです。達人と呼ばれる販売員はみなさん、この応酬話法を鍛えています。この応酬話法を磨く場は実際の接客であり、本番に備えた接客シミュレーションなのです。

しかし、接客シミュレーションを行なっている現場に何度も立ち会ったことがありますが、それがシミュレーションのためのシミュレーションになってしまっていることがほとんどです。これはどういうことかと言うと、お客様役を演じるスタッフが実際のお客様よりも簡単に商品を買ってしまうような、無意味なシミュレーションをしているのです。それでは、いつまでたっても販売員の接客レベルは向上しません。

では、どういった接客シミュレーションをするべきなのか？　それは、お客様役のスタッフが、商品を奨められたときに必ず「断る」ことからスタートするということです。

断る接客シミュレーションを徹底して行なわないと、接客力や応酬話法は磨かれないということを、私は接客シミュレーションを通した人材育成の中で誰よりも実践してきて学びました。

練習である接客シミュレーションの世界では販売率が高いのに、実際のリアルなお客様を相手にすると販売率が低い販売員をたくさん知っています。その、ほとんどに共通することは、お客様に紹介した商品を一度断られると、「あ、そうですかー、ではまた次の機会に……」などと言って、すぐに接客を終わりにしてしまうという共通項です。私から言わせてもらうと、接客は断られてからがスタートだと考えるべきです。

しかし、なぜお客様のお話をよく聞き出してピッタリだと思った商品をご紹介したのに、その商品を買っていただけないのだろうか？　お客様に買っていただけない理由はさまざまです。ですから、いくら自分で考えても答えは絶対に出てくることはありません。ならば、断った目の前のお客様に聞いてみるべきなのです。「えっ、何でですか？」と。

売れない販売員は、意外にもこの簡単な質問すら、お客様に失礼だと思ってできません。

しかし、そう聞かれたらお客様も、１００％必ず何かしらの答えを返してくれるものです。

予算の問題なのか、家族に確認しないとならないのか、商品自体のデザインや性能なのか、購入時期の問題なのか、買っても使用頻度が低いと思っているのか、他の店舗も見て回りたいのか、何がお客様の購買を妨げているのかを聞きだすことが、お客様を知り、商品を買っていただくための話をより深く掘り下げる秘訣なのです。

この断られてしまう理由を、お客様自身から聞きだして自分で理解しているか否かは、今後の販売員としての接客技術の伸び率を大きく変えます。実際にこれを続けていくと、お奨めした商品を断られる理由の種類は、実はそれほど多くないことに気づくはずです。それがわかったのなら、接客シミュレーションでお客様役のスタッフに断ってもらい、応酬話法を磨いていくだけです。

一度奨めた商品に責任を持つ

実際に売れない販売員時代、私の経験でこんなことがありました。

風景写真を撮られている40代の男性客の写真があまりにもすばらしかったので、「全紙サイズ（9800円）に大きく引き伸ばしましょう」とご提案すると、お客様もお買い物を悩んでいらっしゃったのですが「まぁ、今回はいいかな」と断られました。勉強不足な私は、理由も聞かずに「そうですか、わかりました」とあっさり引き下がってしまいました。

それから数日が経ったある日、そのお客様がご来店されていました。しかもよく見ると私がお奨めした写真が大きく引き伸ばされた全紙サイズに仕上がって、店長と写真を見ながら楽しく談笑しているではありませんか。不思議に思い、お客様の元に歩み寄ると40代の男性客は「店長がよい写真だから大きくしろって、あまりにもしつこいから作ったんだよ！　やっぱりこれだけ伸ばすと迫力があっていいね！　作って本当正解だったわ！　ありがとう」と満面の笑みで帰られました。

そして、店長から衝撃的なアドバイスをもらうのです。

「竹原、お客様が言ってたぞ。お前があまりにいい写真だって奨めるから実はその気になっていたんだと。でも、実は金額が高いのもあって一度考えようと思って断ったんだと。ところが、あっさりお前が奨めなくなったから、やっぱり本当はそんなにたいした写真じゃなかったのかなってお客様は思ったみたいなんだよな。俺も同じように金額が高いからって断られたのだけど、よい写真だからしばらくは店に飾らせてもらって、その後はリビングに飾ってくださいって提案したんだよ。いいか、竹原。俺たちが扱っている商品で、お客様ががっかりするような商品はひとつもない！　お客様に一度奨めた商品に責任を持たなければだめだぞ！」と。

この一言は、当時の自分には衝撃的でした。

それから実際に、当時の店長に言われた「お客様に一度奨めた商品に責任を持つ」という言葉を、私は身をもって実践してきました。そして、その中で学んだことは、お客様は本当にその商品が嫌で断っているということはほとんどないということです。

当たり前ですが、お客様の断りには購入に踏み切れない理由が存在します。そこを聞きだしていくと意外にそのお客様が問題視されていることを解決するために、知恵を絞れば提案できるアイデアはいくらでもあって、それを突破口として販売に結びつけられることが多いのです。

お客様に断られたときは、自分が成長をするチャンスととらえて実践してみてください。

Summary

お客様が断る理由を聞きだすこと。そこから本当の接客販売が始まる

Section 2-3

自分の接客を振り返って学ぶことの繰り返しが接客力を高める

商品が売れずにお客様を帰してしまった後に、「なぜ、あのお客様は買ってくれなかったのだろう？」と悩む販売員をよく見かけます。しかし、その大半は、最終的に買わなかった理由を、お客様や商品のせいにする売れない販売員が圧倒的に多いのです。

この思考と学び方の誤りは、販売の差として数字に顕著に表われてしまうことを知ってください。

自慢ではありませんが、実は私もかつてはそのような1人でした。売れたときは自分の手柄、しかし、売れないときは客や商品のせい。「あの客は優柔不断すぎる！」「あの客は全然、私の話を聞いてくれない！」「たくさん接客したのに、他の店も比較したいってどういうことだよ！」「会社は売れ売れと言うけど、こんな高い商品、誰も買わない！」と自分に都合がよい理由をつけては相手や商品のせいにし自己成長を止めていました。しかし、あるきっかけが、私の考え方を大きく変えるきっかけになるのです。

●売れているときの理由を探す。それが自分を生かす強みになる

私と同期入社の吉羽誠店長とは14年来の付き合いになります。現在でも、お互いに認め合って切磋琢磨するよき仲間であり、ライバルでもあります。今ではお互いに長いキャリアの中で接客を検証し、その中身を改善するという「売る販売員の王道のプロセス」の中で学び、高い接客技術と圧倒的な販売力を身につけて、新たな売り方を編み出しては全店にフィードバックして、現在進行形で業績を上げてきました。そんな2人は、今から14年前、私は住宅街のロードサイドに店舗を構える宇都宮簗瀬店、吉羽はそこから5キロ離れた駅前のロードサイドに店舗を構える宇都宮岩曽店に中途社員として配属になりました。入社当時の販売力は、もちろん新人ですから同じレベルだったのですが、入社半年、そして2年目になると、私と吉羽の販売力の差に大きな差が出始めていました。いくら頑張って販売をしても、吉羽にはまったく歯が立ちません。そして、彼は異例のスピード出世で、たった入社1年半という短い期間で副店長に大抜擢。私は自分が出遅れてしまったことを店のせいにし始めていました。吉羽がいる岩曽店は、集客も多い分、買いにきているお客様がきっと多いのだろう。同期の吉羽は店舗立地の差で自分より得をしていると、勉強不足な私は考え始めていたのです。

しかし、その考え方を改めざるを得ない瞬間がやってきます。

ある日、吉羽から一眼レフカメラの接客を受けた50代男性のお客様が、私の店に写真の注文をしに来店されました。その帰りがけに一眼レフコーナーのショーケースを眺めていたのでお声がけすると、「このカメラ、いいみたいだね！　いつもは、岩曽店の吉羽君から世話になっているんだけど、彼がこのカメラを絶賛していてね。気になっているんだよ。今日はたまたま、この店の前を通ったから現像で寄ってみただけなんだけど……これ、もっと安くなるの？」とお客様。

私は、同期に負けたくないという思いから店長にお願い倒して、特別条件をもらいお客様に提示すると、「それは、吉羽副店長が出した価格より安いねー」という話になり、「吉羽副店長に怒られちゃうから、買ったのは内緒にしておいてね」と、お客様に購入をいただきました。今まで負け続きだった私は早速吉羽に電話。「吉羽君が前から接客していたお客様、今日一眼レフカメラを俺から買ってくれたよ」と冷やかし半分で得意げに話しました。そのときの彼の反応はすごかったのです。「誰なの？」「何ていうお客さん？」「いつ？」「何のカメラ？」と質問の嵐でした。ちょっと意地悪して、悔しがる反応が見られるだけでよかったのに、あまりに必死でしつこいので、「お客様に名前は言わないでと言われているから言えないよ」と伝え、何をムキになっているんだよと内心思い、少しシラケて電話を切りました。

そんなことは忘れて、家に帰宅した私は晩酌しながらくつろいでいると、夜中にケータイが鳴りました。相手は吉羽でした。「まさか」とは思いましたが、やはりあの内容についてでした。「竹坊、今日話していたお客さんは誰なの？　本気で教えてほしい」と。私は「無理！」、彼は「教えろ！」の攻防戦が繰り広げられ、最終的に私が根負けして販売に至った内容を説明しました。ただ、「俺は価格で勝負して買ってもらっただけだから、ほしくさせた吉羽君がすごいよ」と伝えると、彼は「あー、よかった。これで安心して寝られると」と言いました。私は、そんなに真剣になる彼が不思議で「何で、そんなにムキになるの？　たまたま俺から買っただけなのに」と話すと、彼はこう言ったのです。

「売れるのにたまたまなんてないんだよ。売れるのにも、売れないのにも絶対に理由があるんだよ。俺は売れても売れなくても、必ず売れなかった理由、売れた理由をその日のうちに、自分で接客の中身を振り返って検証して、これが理由で売れた、これが自分に足りなくて売れなかったというのを、自分で結論づけて整理してから寝るようにしているんだ。そのお客様も、値段が安かったのももちろん要因としてあると思うけど、思い返してみるとあのお客様に対して俺に足りなかった点いっぱいあるなー」と、私のことは一切責めず、自分の接客を振り返り反省をし始めたのです。

その話を聞いて、私は恥ずかしくなりました。私は売れなかったら客のせい、商品のせい、売れたら自分の手柄。私の行きあたりばったりの思考とは真逆の思考で彼は意図的に一回一回の接客から売れても売れなくても、さまざまなことを学んでいたのです。これが成長の差だと痛感しました。私は素直に彼を尊敬し、彼と同じ思考ですべての接客から本気で学びたいと思いました。

10年以上も前の出来事をいまだに鮮明に覚えているくらいですから、自分からしたらカルチャーショックと言える衝撃的な出来事だったのだと思います。

それから、売れても売れなくてもお客様や商品のせいにすることを一切やめて、一回一回の自分自身の接客を振り返り、自分なりのよかったこと、至らなかったことを自分自身で結論づけて学ぶ思考に変えてから、数字が一気に伸びました。その3カ月後に私が副店長に昇格したことが、どれだけ成長したかを

接客を振り返り、学ぶことの大切さを教えてくれた吉羽店長

物語っていると思います。一番大切なことは目の前に起こる現象に〝たまたま〟はなく、すべて自分が引き起こしているのだということに気がつくことです。

ここでもし、竹原流の学び方のアドバイスをひとつあげるなら、とくに販売したときこそ、なぜ売れたかを時間をかけて考えてほしい、ということです。売れた理由を自分の接客を振り返りながら分析し、「これだ！」という理由を自分で導き出すという作業は深く考えさせられます。これが、自分の強みを知るということです。誰にでも、売れるときや売れない経験があるはずです。調子がいいときが一番成長のときで気づきの宝庫の瞬間なのに、売れているときは、「こういう理由で売れている」と考えようとはしていません。だからまた売れなくなる氷河期が来たときになってはじめて悩み、考え始めるからよけいに自信をなくし、最終的には売れない理由を自分以外のせいにするというサイクルに陥るのです。

まずは、販売したら検証からスタートです。その成功体験の自己検証、自己分析、自己改善の積み重ねが自分の接客を振り返り、売れなかったときの自己検証をより深めていけるようになるものなのです。

Summary

売れている理由を振り返りながら分析することが、自分の強みを知ることにつながる

Section 2-4 売れない販売員は、誰でも持っている才能を鍛えていない

某大手薬局の平日のアイドルタイムに、子どものオムツを買いに出かけたことがあります。ふだん子どものオムツなんて買ったことがないので、妻にメーカーとサイズを何度も確認してメモしての必死の買い物でした。

明らかにメモを見ながら目的のオムツを探しているのですが、スタッフは忙しいのか、誰も私に声をかけてくれません。

これでいいのかな？　でも不安だな？　もし間違ったら、妻に「おつかいもできないの？」なんて言われかねません。

「う〜ん」……

そして、自分でスタッフさんを探して呼んで、ようやく目的の品が見つかりました。

そして、レジに並んでみると、3台あるレジのうち、2台は休止しており1台だけ稼動していました。

お客様の列で、自分は3番目に順番を待っていたのですが、「レジお願いしまーす」というレジ係のおばさんの合図で、品出しをしていた女の子がゆっくりと歩いてきて、休止していたレジを開けてヘルプに入ってきました。

すると、私の後ろにいた4番目のお客さんを案内してお会計をし始めたのです。

「えーーーー!!」

思わず私と、2番目に並んでいた男性客は声に出して驚いてしまいました。

「まぁ、いいか」とそちらのレジに並び直そうとすると、再びレジを休止してその女の子はまたゆっくりと、品出しをしていた元の場所へと戻っていったのでした。

●人は、誰でもモーションマインドという才能を持ち合わせている

たとえば、自宅のテーブルの上にいつも置いてある醤油が、いざ使おうとしたら置いてい

ない場合、おかしいなとすぐに気がつきます。

またたとえば電車に乗るとき、はじめて行く目的地であれば何線で行くのかルートを確認して、料金を確認してお金を用意して切符売場の列に並びます。散々並んで待たされたあげく、自分が次の順番というときに前の人が切符を買う直前で自分の目的地のルートを指さして確認し始め、さらに財布から小銭だのを用意しはじめたら、間違いなく「今からかよ！」と突っ込みを入れたくなります。

これらの、人と違った動きや行動に対して当たり前におかしいと気づく心理を「モーションマインド」と呼びます。

モーションマインドとは

①人のおかしな行動が一目で発見でき、それが気になってならない感覚
②おかしな行動をどう変えればいいか、直ちに案出できる能力
③正しい手順にしたがった思考プロセスが自動的にたどれる習慣

のことです。

実は、売れる販売員はお客様の1つひとつの動きに対して、このお客様は何を求めているのか？　自分はどう動くべきか？　それを察知して、予測して、行動しているという共通点があります。

だから、接客につくのが早ければ、接客の回数を増やすことが人よりもできるようになり、売上げを伸ばすことにつながっているという絶対的な法則があるのです。

人一倍売る販売員になりたいのであれば、誰もが持っているモーションマインドを意図的に鍛えることが成長への近道なのです。

Summary

売れる販売員は、お客様が何を求めているかすばやく察知し、行動に移している

Section 2-5

自分が惚れ込んでいる商品をお客様も惚れ込んでくれるように導く手法

自分が好きな映画や音楽や有名人、趣味などの話題を、家族や友人に奨めたり、熱く語ったりした経験はありませんか？　SNS等の情報コミュニケーションツールも同様で、自分が楽しいと感じたり、面白かったり、感動すると、人は誰かに伝えてその喜びを共感しあいたいと思うものです。接客販売でも同様に、自分が好きな商品をお客様に熱く語れるようになれたら、接客レベルは格段にアップします。

しかし、聞き手が必ずしもその内容に興味があるわけではありません。話し手には相手が興味を抱いてくれるように、わかりやすく提案することや楽しさのイメージを共感してもらうなど、聞き手の期待感を高めるようなプレゼンテーション力が常に求められるのです。日常会話で、プレゼンなんて発想はおおげさと思われるかもしれませんが、この日常会話で、自分の「好き」をいかに相手に表現するかで、聞き手に「それ、超面白そうじゃん！」「私もやってみたい！」「知らなかった！　もっと教えて！」と相手への関心を高め、相手の人生にも関わるすばらしい影響を与えることがあるのだということを、毎日の接客から商品を通して私は学んでいるのです。

われわれ販売員は、目の前のたくさんのお客様に自分が惚れ込んでいる商品を知っていただき、「紹介してもらった商品よかったよ！」とお客様に喜んでいただくことが相手に影響を与えることであり、一番うれしいことです。では、どうやったら相手に影響を与えられるようなプレゼンができるようになるのでしょうか？　相手に影響を与えられるようになるトレーニング方法を、ここで2つご紹介したいと思います。

●お客様が自分では知り得なかった世界に招待する

1つ目は、自分の趣味などの「好き」を相手に「絶対に見てみて！」「聴いてみて！」「やってみて！」と相手も巻き込んで好きになってもらえるように導くというトレーニングです。

意外に、これはほとんどの人は相手の反応を気にしてやっていません。私の知る強力な販売力を誇る販売員はみんな、気がついてみたら、ふだんの日常会話から自分の「好き」の巻き込みの嵐でした。でも、話を聞いていても嫌ではありません。だって、その人がすごく好きなことの話だから、逆に何でそんなに好きなんだろうという興味が湧くのです。

実際に、私もその人たちの導きがきっかけで多大な影響を受け、それまでまったく読まなかった小説を読むようになったり、洋楽を聴くようになったりし、自分では知り得なかったすばらしい世界へと招待してくれました。自分が本当に「好き」なことであれば、意外にも巻き込むという導きの行為は相手にとって悪い気はしないものなのです。その導きが、もしかしたら相手の人生を変えてしまうくらい、聞き手にとっては衝撃的出会いになるかもしれないのですから。それが、自分が販売したい商品でお客様に対してできるようになったら、まるで天職のように仕事はもっと楽しくなります。

自分の好きなことやモノを相手に伝えてみても、相手はたいした興味を示さず聞き流しているか、もしくはその場だけの一時的な関心で終わることが一般的だと思います。だから、まずは家族や友人や職場関係などで自分が気を許している話しやすい人からでいいですから、意図的に相手を巻き込んで自分の「好き」を好きになってもらえるように導くことを今日からでもスタートしていただきたいのです。

そして、自分の「好き」のおかげで自分が変わったことを、自分の経験として相手に話してみることが重要になってきます。聞き手は、話し手がなぜそれを「好き」になったのか、自分がどう感じて、自分自身にどのような変化をもたらしたかということが、実は一番興味があるところだからです。その繰り返しがプレゼン力を磨き、日々の接客販売においてもその勉強が活かされ、販売力を大きく上げるための知恵になると、自分の経験上、確実に言い切れるのです。

私も含め周囲を見ていても、どうやら人間は自分の中の「好き」なことやモノからさらなる探究心を生み、深く掘り下げて調べたり、勉強したり、行動したり、体感したり、想像したりしていく中で、「人に話して共感してもらいたい」という大きな欲求と原動力に変わっていくものだと考えます。みなさんも、少なからず自分がとびきり好きな映画、音楽、有名人や趣味のことなら、調べまくった経験がきっとあるはずです。では、それと同じくらい、仕事で自分が販売したい商品に対して探究心を持って惚れ込む努力をしているでしょうか？

人からの影響力は計り知れない力がある

そうなのです、2つ目のプレゼン力を磨く勉強法は、誰よりも探究心をもって調べ抜くということなのです。自分が好きなことなら、いくら考えていても苦にならないものです。

自分の販売したい商品が、自分のプライベートの「好き」と同じくらい好きになれない人は、その商品の表面的な部分だけを知り、知ったつもりになっているケースがほとんどです。それが売れない理由となり、数字にも顕著に表われてしまうのです。

ここが、売れる販売員と売れない販売員の大きな差になることを知ってください。

話し手が好きなことは、聞き手にとってみればとても気になるポイントなのです。それはそうでしょう。自分が知らないことを、相手がすばらしいのだと楽しそうに話すわけですから、相手が楽しそうに話せば話すほど、何がそんなに楽しいのかをつい興味を持って聞きたくなります。それは、目の前のお客様も同じことなのです。

みなさんも、思い返してみてください。今はまっていることやモノ。好きになった理由は、自分が知ろうとして興味を持ったことよりも、誰かに影響を与えられたことがきっかけだったことのほうが、実は多いのではないでしょうか？

Summary

自分の「好き」を好きになってもらうことと、探求心を持って調べ抜くことが肝心

Section 2-6

ほめることができないから、お客様から相手にされない

日本人は、他人をほめることが意外と苦手です。ほめることが、相手に対して失礼かな？などと考えることもあるほどです。しかし、ほめられて嫌な人なんてほとんどいないものです。

私は、いつでも誰にでも（お客様はもちろんスタッフでも）素直にほめるようにしています。なぜなら、ほめることから得た気づきがあったからです。

私が、若手の売れない販売員時代は、本当に苦手なタイプのお客様ばかりでした。その中でも、私がとくに苦手を通り越して恐怖だったお客様に、50代女性の方がいました。そのお客様は、写真の仕上がりチェックに、とにかく口うるさいのです。写真の焼き上がりが気にいらないと、「なぜ、この部分の色がもっときれいに出ないのか！」と、なぜ？　なぜ？をまくし立てます。きちんと説明ができなければ、何度でも焼き直しをさせられるだけではなく、怒号が飛んでくるのですから、たまったものではありません。周りの先輩たちも、相

手にするのを嫌がっている様子でした。私も、そのお客様は特別な人だと勝手に決めつけていました。

ある日、私がカウンターでレジをしていると、次のお客様の列にその50代女性が並んでいるのが確認できました。「まずい！　あの人が来てる!!」心の中で絶叫しました。

緊張しながら、50代女性客に写真の仕上がり確認をしていただくために、袋に入っている写真を取り出して中身を確認いただくと、仕上がり写真の一番上には可愛い表情で笑顔の赤ちゃんがきれいに写っている写真がありました。私は、「うわー、可愛い赤ちゃんですね！すごくきれいに撮れています！　写真がホントにお上手ですね！」と、写真に見とれながら無意識に本音でほめてしまいました。

と同時に、内心（まずい！　よけいなことを言ってしまった……怒られる！）と思った瞬間、お客様の顔はみるみる……笑顔になったのです！

「本当？　いやーうれしいことを言ってくれるわねー」

私もすかさず、「赤ちゃんの一瞬の笑顔を撮るのってタイミングも重要だし、毎日お客様の写真を何千枚も見ていますが、こんなによいお写真を見たのははじめてです」と本音で返しました。

すると、「いつも、文句ばっかり言ってごめんね」という一言から、お客様は語り始めたのです。お孫さんが初孫で、可愛くて仕方がないというお話や、写真が昔から好きで、1枚1枚の写真に対する思い入れがとても深いこと。近所に写真屋がないため、10キロも離れたところから店まで通ってくれていることや、他の写真屋さんでは、面倒だからもう来ないでほしいと言われたことまで、にこやかな顔で話されました。

そして、最後に私の名刺が欲しいと言われ、「これからは竹原さんに会いにくるね」とおっしゃって笑顔で帰られました。

お客様に喜んでいだだけたのはうれしかったのですが、それ以上にお客様が私に対して、あんなに心を開いてくれて喜んでくれたことに、心が躍るような気持ちになり、私までうれしくテンションが上がりました。

それから、そのお客様は店に来ると、私を必ず指名で呼んでいただけるようになり、大きくする写真を一緒に選んでほしいとお願いされたり、カメラや交換レンズを新調する際には、必ず私に相談を求め買っていただけるようになりました。値段のことは何にも言いません。

「私はサトーカメラから買っているのではなくて、あなたが好きであなたから買っているんだから」と言われたときには、涙が出そうになりました。

あれから10年、ありがたいことにそのお客様とは、今も変わらず私をご指名いただきお付き合いをさせていただいています。

気づいたことを口に出す。誰にも真似できないオリジナルを磨く

きっかけは、お客様の長所を認め、自分で感じた相手の長所をそのまま口に出して伝えただけなのです。瞬時に相手の長所を認め、たった一言口に出して伝えるという行為が、相手の心をこんなに開かせるきっかけになるとは夢にも思いませんでしたから驚きです。

早速、この経験から私は、相手の短所には多少目をつぶって、長所を意図的に見つけることにしました。それは、その見つけた長所はすぐに相手にストレートに伝えるというトレーニングです。

実際にやってみると、最初はなかなかたいへんでした。普通、相手の長所以上に、短所が先に見えてしまうものだからです。そして、せっかく自分にない長所を相手から見つけたとしても、恥ずかしくて言えなかったり、わざとらしいと思われるかなと躊躇してしまったり、自分のプライドや自尊心が邪魔をして素直にほめてあげられないものなのです。だから、ほめるのにも意図的な実践の練習が必要です。

ここでのポイントは、ほめる内容は、より具体的なほうがよいということです。具体的な内容が伴っていないと、相手にわざとらしいお世辞だと思われてしまうからです。

これらを、ふだんの日常から自分と関わるすべての相手に対して、勉強と捉えて意図的に毎日実践を続けていくと、売れる販売員にとって必要な4つのメリットが得られます。

1つ目は、相手の長所を発見しようとする働きかけから、観察力が身につくということです。観察力が身につくことで、よりほめる内容にも具体性が増して説得力が高まります。

2つ目は、相手を喜ばせるポジティブな言葉を繰り返すことで、承認欲求を満たされた相手だけでなく、言葉を発信する自分自身にも前向きな考え方の習慣が身につくようになり、いつもポジティブな気持ちでいられるようになることです。

3つ目は、単純に人から好かれるようになることです。ほめられたら照れくさいと感じることはあっても、やはりうれしいものです。とくに、社会に出て大人になるほど、認められてほめられる機会は減るものです。その中で、自分を認めてくれるほめ上手な人のもとには好意を持って人がたくさん集まるようになるのです。

先日も常連の子育てママさんが髪を切ってご来店されたので、私は「○○さん、髪切ったんですね！　顔のラインがシャープでキレイだからショートが超似合っていて可愛いですよー」と素直に気づいたことを伝えただけで大喜びされ、「ありがとー！　旦那なんて、何にも気づいてくれなかったのにすごくうれしー♪　今日仕事で嫌なことがあったんだけど、そんなことどうでもよくなっちゃった。カメラを気になっているママがいるから、いっぱい紹介するからねー」とルンルン気分で帰られ、うれしそうな反応を見た私までポジティブな気持ちになりました。

そして、最後に4つ目のメリットは、苦手な人がいなくなるということです。自分が苦手だと思う人に変わってもらうことを期待するよりも、自分が先に相手に対する見方を変えて、苦手な相手の長所を先に大きく捉えたほうが短所は見えにくくなるものです。そして、この勉強法を続けていくことで、徐々に人間なら誰でも短所はあると相手を受容できるようになります。

長所を見つけて相手に伝えるという勉強をすることは、相手の心を開いてコミュニケーション力を磨き、お客様から好感を持たれる、売れる販売員になるための第一歩です。ぜひ、今日からでも始めてみてください！

一期一会で、せっかく出会えた相手の短所ばかりを見るということは、せっかく旅行に出かけてすばらしい絶景を目の当たりにしながら、わざわざ周りに落ちているゴミを探しているようなものなのです。

Summary

お客様の長所を意図的に見つけて、それをストレートに伝えよう

Chapter 3

3章

竹原流自己啓発！モチベーションと販売技術がアップする考え方と習慣

Section 3-1

情緒的サービスは、お客様の目の前のあなたにしかできない！

われわれ販売員にとって、お客様に商品を買っていただいたときに言われる、お客様からの「ありがとう」という言葉は、たまらなくうれしいものです。

みなさんは、せっかくご来店いただいた目の前のお客様に対して、「店や自分のファンになっていただくこと」を前提に、毎日誰よりも意図的にお客様を喜ばせるようなアクションを起こす努力をしているでしょうか。

「もう一度、店に足を運んでいただきたい」という思いで、1人1人のお客様と関わることができているでしょうか？

当然のことですが、お客様から「ありがとう」と喜ばれる回数が多い販売員と少ない販売であれば、喜ばれる回数が多い販売員のほうが販売数量も多いし、ファンのお客様も多いものです。そして、何より仕事に対するモチベーションの高さが圧倒的に違います。逆を言えば、お客様から喜ばれる努力をしていない販売員は販売数が低く、ファンも少ないものです。当然、モチベーションは低くなり、結果として離職率は高くなります。

今、あなたは仕事が楽しくてモチベーションは高い状態ですか？　それとも仕事が楽しくなくてモチベーションは低い状態ですか？

楽しくてモチベーションが高いと思った方は、今がもっともっと成長できるときです。今、なぜ自分が仕事を楽しいと感じることができているのか、うまくいっているのかを自分なりに整理し、まとめておくことをお奨めします。人間不思議なもので、うまくいかなくなってから自分のことを振り返り、考え始めるため、悩んでいる期間が長くなるのです。悩んでいる期間は短ければ短いほどいいに決まっています。うまくいかなくなってから考え始めても、スランプ時によい解決策とはなかなか出会えないものなのです。

だから、自分が仕事を楽しい、絶好調！　と感じるときほど自分のことがよく見えるときであり、自分がなぜ絶好調でいられるのか、そのときこそ自分のやっていること、行動をまとめてほしいのです。

では、仕事が楽しくない、モチベーションが低いと感じた方はどうするべきなのでしょうか。転職を考える前に、これだけは知っておいてください。それは、人に提供するサービスには2通りのサービスがあるということです。

まずひとつは、「機能的サービス」です。簡単に言えば、「当たり前のことを当たり前に行なうサービス」のことです。お客様が、これくらいは当たり前のサービスだと思っていることを、店側も当たり前に行なうサービスのことです。もうひとつは「情緒的サービス」です。これは、お客様は直接口に出しては何も言わないけれど、お客様の「こうしてほしい」という思いを察知して、言われなくても行動に移して提供するサービスのことです。

たとえば、写真を注文に来店されたお客様をカウンターで受付する際、機能的サービス接客は「写真の仕上がりは○時○分になります。ありがとうございました」と、どのお客様に対しても同じ応対で、事務的にお客様と接してしまいがちです。

一方、情緒的サービス接客は「○時○分の仕上がりになります。お写真をとびきりきれいに仕上げておきますので楽しみに期待していてくださいね！」と、相手を思わずワクワクさせたり、うれしくさせます。この一言を添えるだけで、お客様は思わずニコッと笑顔になり、「ありがとう」とか「よろしくお願いします」と、ほとんどのお客様がおっしゃいます。

たとえば、雨の日にお客様が写真の受け取りに来店された際、機能的サービスのアクションは、写真袋を雨に濡れないようにビニール袋に入れて、「こちらになります。ありがとうございました」と応対します。

情緒的サービスのアクションは、「大切な想い出の写真が雨に濡れないようにビニール袋に入れておきますね」と伝えます。

当たり前の行動ですが、その当たり前をあえて自分の気持ちとして口に出して表現することでも情緒的サービスとなり、お客様は「ありがとうございます」とニコッと笑顔になっていただけるのです。

「機能的サービス」と「情緒的サービス」。あなたならどちらのサービスが得意な販売員にお世話になり、付き合いたいと思うでしょうか？

答えは一目瞭然です。

言ってみれば、情緒的サービスとは人間にしかできないサービスなのです。特別お金をかけて、仰々しいサービスをしなくても、ちょっとした気遣いやおもてなしの気持ちが情緒的サービスとなってお客様の心を打ち、あなたのお店の価値を高めてくれるのです。

今の時代、セルフサービス化やネット販売などの台頭で、人間だからこそできる情緒的サービスがどんどん希薄になりつつあります。その分、お客様はこの情緒的サービスに、とても飢えているようにも、毎日の接客の中で私は感じています。たったこれだけの情緒的サービスのアクションひとつで、今の時代、十分にお客様の記憶に残る他店との差別化になるのです。

われわれ販売員にとっても、小さなことですがお客様に喜んでもらってテンションが下がる人はいません。相手が喜ぶということは、自分もうれしいということです。結果として、これを繰り返すことは、仕事に対するモチベーションを上げて仕事を楽しくさせてくれます。そして、接客業に携わる商売人が元気ハツラツ楽しく面白く商売できる源は、お客様に「ありがとう」と喜んでいただくことであり、そしてそれが小さなことだとしても、お客様から喜ばれることがやる気と自己成長を後押ししてくれるのです。

Summary

たった一言添えることでお客様は喜んでくれる。それがあなたのお店の価値を高める

Section 3-2

いつから、スキップすることをやめたのですか？

私は本来、気が短くせっかちで負けず嫌いな性格です。そのくせ、気は小さくすぐに落ち込みやすい性格で、仕事がうまくいかなくなると顔からは笑顔が消えてなくなります。周りから見ても、「あっ、何かあって竹原君元気ないのね」と、とてもわかりすい男だと同僚たちからは冷やかされていました。同僚たちはそれでよかったのですが、店長や上司からは、「竹原！　そんなぶっちょう面で突っ立ってたらお客様も寄ってこないぞ」と注意をされるのですが、そんなつくり笑顔でさえできる気分ではないというのが、落ち込んでいるときの私の本音でした。それはＤＮＡも含めて何十年もかけて形成された性格なので、そんなすぐに変えられることではないと自分で決めつけていました。

それでも、自分の心理状態がすぐに顔に出てしまうのは、店に立ちお客様を迎える販売のプロとして失格だという自覚はあったのです。

そんなある日、たまたま見たテレビ番組で「スキップ」が人体にもたらす効果の特集をしていました。幼い頃、楽しい気分になったり、おいしいものを食べたり、友達と遊んだりしながら知らず知らずに体が躍るように動き出したあの「スキップ」の話です。

物心がつく年代になるあたりからいつの間にかやらなくなって、大人になってからスキップをした人は、もしかするとほとんどいないかもしれません。

番組では、レポーターが街頭でサラリーマンのおじさんや主婦のおばさんに「スキップしてみてください」とお願いをするのですが、驚くことに半数近くのおじさんやおばさんはスキップができなくなっているのです。一所懸命思い出してやろうとするのですが、体がついてこなくてどうしても変な動きになってしまう人が続出です。私もテレビを見ながら、そんなものなのかと驚きでした。

その反面、スキップを体が覚えていたおじさんやおばさんは満面の笑顔でスキップをしています。そのスキップをしている人たちに共通していたことは何か？　それは、スキップをすると、必ず満面の笑顔になるということなのです！

さらに笑顔を引き出すだけでなく、スキップには楽しい気分になったり、落ちている気持ちを高めてくれる効果があるというのです。

番組を見たその日の私は、仕事で落ち込むことがあり、家族からは帰宅するなり「何か仕事であったの？」と聞かれる始末。「これは」と思い、半信半疑で早速外に出てスキップをしてみると本当だったのです。ついつい、どうしても笑顔になってしまうのです。スキップするほど、何だか楽しい気持ちになるじゃないですか！　もう瞬時にストレス解消ができました！　そのまま、200メートル先のコンビニまで、財布も持たずにスキップして出かけたことを今でも思い出します。

私は、悩み事があって出勤前に「今日は仕事に行きたくないな〜」と思ったら、気持ちが楽しい気持ちになるまで外に出てスキップをします。これだけで、スイッチが切り替わります。体が目覚めるラジオ体操みたいなものです。

仕事中にイライラクヨクヨすることがあったら、楽しい気持ちに切り替わるまで外に出て人知れずスキップです。

スキップをすると、必ず笑顔になって元気になります

たったこれだけで、心理状態はダウンからアップへとスイッチが切り替わります。

こんなに楽しいことを知ったからには早速店でも取り入れないと……ということで、店長になってからは朝礼前にスタッフ全員が整列し、全員の顔をよーく見ながら、眠そうだな～、暗いな～、何だか集中していないな～、という空気を自分が察知をしたら、恒例の「おーし！　全員でスキップするぞ～!!」の合図です。全員を巻き込んで、自分が先頭になり店内をスキップして何周もするのです。

みんな一瞬で超笑顔になります。最初は恥ずかしがっていたスタッフも、大人になった自分がスキップしている姿、周りのスタッフの姿、恥ずかしいのとバカバカしいのとが入りまじり、おかしくてついつい満面の笑顔で笑ってしまうのです。

たった1分でスタッフ全員の表情が、その場の空気が、スキップによって一変してしまうのですから、実践しないのはあまりにもったいないことです。

今でも、私はスキップをします。スキップが大好きです。みなさんも落ち込んだとき、辛いときは元気になるまでスキップしてみましょう。

Summary

子どものようにスキップをするだけで、気分はダウンからアップへスイッチが切り替わる

Section 3-3

成長の伸び率が高い販売員は仕事とプライベートを区別していない

サトーカメラ宇都宮岩曽店で、弱冠24歳にして副店長を務める竹澤菜摘さんは私の尊敬する販売員の1人です。

彼女のすごいところは、仕事とプライベートを区別せず、365日24時間すべてのことから学び、日々勉強し続けていることです。

最初に驚かされたのは、彼女が18歳で新卒社員として入社してすぐの出来事でした。

竹澤さんが、休みの日にたまたま食べに出かけたあるラーメン屋さんに貼られていたPOPにとても感動したので、ぜひ私に見てほしいと写メの画像を見せてくれました。

POPにはこう書かれていました。

「お子様連れのお客様へ」

「子供は散らかすことの名人です。散らかされても気になさらないでください。片付けは私どもにお任せいただき、お食事をお楽しみください！」

竹澤さんは「店長！　私、子供いませんけどそんな私でもこれを読んでとてもうれしい気持ちになりました！　これを読んだら、そこで働く店員さんみんなに好感を持ちました。そして、ラーメンがもっとおいしく感じたんです。この気持ち、私も店のお客様に伝えたいです。キッズコーナーでぜひやらせてもらってもいいですか！」

もちろん即採用し、自店流にＰＯＰの内容を変えてすぐに行動したのは言うまでもありません。仕事とプライベートを区別せず、仕事に結びつけて思考する彼女の姿勢を本当に尊敬しました。

その後も彼女は、「雑貨屋さんで買い物をしていたときの陳列棚がすごく可愛かったんですよー。この棚の上にデジカメを置いたら、絶対可愛くてお客様も思わず手が伸びると思うんです！　自分たちでも作れそうだったので写メ撮ってきたので見てください！」

「行きつけのカフェのメニューボードが黒板にチョークで書かれているんですけど、それがすごくお洒落で可愛いので、ウチのプリントのメニューボードもこういう感じにしたいんですけど、自分たちでも作れると思うので写メ撮ってきたので見てください！」

といった感じで、彼女はプライベートで自分がよいと感じたことを、自分たちの仕事に置き換えてフィードバックし、すぐに実行に移すのです。

私たちが実践したことは、まず必要な材料をホームセンターで買ってきて、そのつど手作り！　工具は、お客様や知人から借りたものを持ち寄って実際にやってみると、意外になんとでもなるものです。

お金をかけなくても完成した陳列棚や黒板は、驚くほどクオリティーの高いものができました。

結果は、すぐに販売にも結びついていきます。カメラ・写真専門店らしからぬ、お洒落で可愛い雰囲気となり、お店全体まで生まれ変わるきっかけとなり、女性客が増える要因にもなりました。

彼女は、あっという間にサトーカメラにとって、なくてはならない人財へと成長しました。

売り場づくりやＰＯＰづくりにとどまらず、本業の販売員としての接客まで、自分のプラ

365日24時間、すべてのことから学び、努力する竹澤菜摘副店長

イベートでの買い物から学んだ異業種の販売員の接客のいいとこ取りをし、自分の接客に取り入れて売上げを大きく伸ばしていったのです。

プライベートの楽しいお買い物は、店舗視察だと捉える

そんな彼女を見ながら学んだことは、プライベートで楽しむ買い物や遊びの場には、仕事に活かせる多くのヒントや気づきの宝が驚くほど隠されているということです。

彼女の趣味はウインドーショッピングです。スーパーへ行ってもデパートへ行っても大好きな買い物をしながら、外食をしながら、それらが同時に楽しい店舗視察にもなっていて、仕事に生かせるヒントを得ています。見方を変えれば、これは楽しい勉強といえるでしょう。

テレビが好きな人であれば、バラエティー番組で芸能人からも学ぶことはできます。

たとえば、笑いが生まれるボケと突っ込みの絶妙な「間」の使い方やMCの話をゲストに振るタイミング、トークの抑揚のつけ方、表情、笑いの中にも接客に活かせるヒントは山ほどあるのです。

自分が笑うということは、共感した、理解したということも含まれています。その原因はどの部分だったのかを振り返り考えることが、私は癖になっています。なぜなら、楽しみながら学び、本業の接客にフィードバックさせ、活かすことができるからです。

365日24時間、いつでも仕事のことばかり考えるのは辛くて当たり前ですが、プライベートで楽しいこと、好きなことを仕事に置き換えて考える習慣を身につけると、成長の伸び率はどんどん高くなっていくものなのです。

Summary

プライベートを楽しみながら、仕事のヒントを見つけていこう

Section 3-4

売っている販売員ほど、人並み以上に断られていると知る

実は、人よりも多く販売している販売員ほど、人並み以上にお客様からは「ＮＯ！」と断られているという実情があります、これは本当の話です。

実際に私は、自分が勤務するサトーカメラでは10年以上圧倒的売上販売ナンバーワンを樹立しています。さらに、デジタルカメラ、デジタル一眼レフカメラ、交換レンズ販売においては、数々の日本一販売記録を打ち立ててきました。その反面、現在でも社内及び全国の、誰よりもどの販売員よりもお客様から断られる回数が圧倒的に多く、だからこそ、記録を更新し続けられるのだと思っています。

お客様からそんなに断られ続けたら、メンタルが持続できないじゃないか、とみなさんは思われるかもしれません。でも、断られることは終わりではなく、実はスタートなのだということに早く気づいてもらいたいのです。

私の接客のスタンスの根底にあるのは、お客様に断られて何が悪い！　断られて当然だと

いう確固たる思いです。これは開き直りではありません。それよりも、その商品が持つ楽しさや面白さ、カッコよさ、可愛さなどの魅力や、お客様のライフスタイルにどう活かされて役立つことができるのかを、1人でも多くのお客様に認知してもらうことがわれわれ販売員の使命であると考えているからです。そして何よりも、その商品を手にしたことで、お客様のライフスタイルがより豊かでハッピーなものになるかもしれないと考えたら、目の前のお客様にご紹介もしないのはあまりにも申し訳ないことです。

ですから、買ってもらうことが目的ではなく、その商品が持つ魅力を知っていただくことが目的のアプローチであれば、商品をご紹介した時点でお客様に知っていただいたという目的は達しているので達成感も生まれますから、楽しく継続できるものなのです。さらに、紹介し続けるだけで得られる3つのうれしい収穫もあります。それをぜひここでご紹介させていただきたいと思います。

1つ目のうれしい収穫とは、お客様の反応を知ることができるということです。当たり前の話ですが、商品をご紹介しなければ、お客様の反応はわかりません。そして、その数が、1人よりも10人、100人、1000人と、より多くのお客様と応対し、反応を目の当たりにした販売員のほうが人間の幅も広がり、お客様の気持ちがわかるようになってくるものです。

すると、最初は自分の好き嫌いという主観で捉えていた商品を、お客様の反応を見るうちに、主観から客観性を持った目で見られるようになってきます。

たとえば、自分の主観では可愛いと思って買った服が、他人から見たら可愛くないといいと言われることがあるのと同じように、自分以外の他者の話をヒアリングするということは、客観性を身につけるためにはとても大切なことなのです。その繰り返しの中で、返ってくるお客様の生の声の1つひとつに、次回の接客に生きてくるキーワードや自己改善のヒントが多々隠されているものなのです。

2つ目のうれしい収穫は、断られて当たり前と考えて、誰よりも数多くのお客様に商品をお奨めする回数が多ければ多い分だけ、その商品をご紹介する魅せ方や接客トークがそのつど上達していくということです。当たり前かもしれませんが、どんなに運動神経がいい人でも、はじめてスノーボードにチャレンジするのと、運動神経は悪いけれどスノーボードを100回滑っている人だったら、100回やっている人のほうが圧倒的にうまいに決まっています。どの世界でも、繰り返しの中で人間は磨かれていくものであり、接客も同じなのです。

3つ目のうれしい収穫は、お客様が将来、短期的・中期的・長期的に見てその商品を買っていただけるかもしれない見込み客になっていただいたということです。私は日々商売をしていて一番恐いと思うことは、その場で買っていただけるお客様が少ないことではなくて、買うかもしれない見込み客がいないということです。種をしっかりまいた分だけ、より多くの芽が実るのと同じ理屈で、接客したそのとき、もし買っていただけなかったとしても、状況が変わればお客様が急にその商品を思い出し、買いたくなることが実は多くあるのです。

たとえば、こんな話があります。

ある日の午前中、私は60代のご夫婦と一緒にデジタルプリントのご注文で写真を選んでいました。ご夫婦と話し込んでいくと、いつも写真係はご主人様で、奥様はまったく写真を撮らないということがわかりました。理由をたずねると、奥様はとにかく機械オンチで写真を撮るのが下手なのだ、とご主人と奥様はおっしゃいました。だったらと、女性の方でも超コンパクトで超簡単に使えて失敗しない私が推奨しているデジカメを奥様にご紹介すると、ご夫婦は興味を示してくれましたが、「俺が欲しいくらいだけど、今のカメラが使えるからなー」とご主人。「たしかに、簡単で便利だけど主人のカメラがあるし」と奥様。その場では、商品のよさだけ十分に知っていただき、名刺とカタログをお渡しして、当初の目的であるプリントをしてお帰りになられました。

その日の夜、私の名刺を持った先ほどのご夫婦が突然ご来店されて、「竹原さーん、さっきのカメラ買いにきたんだけど、まだあるかい？」と聞かれました。

私はうれしいよりも驚きが先で、お客様に「どうされたんです」と思わずたずねると、ご主人は、「いや～、夕方小学生の孫が家に遊びに来て、今度遠足があるからじーちゃんのデジカメ貸してくれって言われたのさ。子どもが使うんじゃ、軽くて簡単に使える竹原さんが紹介してくれたさっきのカメラのほうがいい写真いっぱい撮れると思って、孫に買ってあげようと思ったんだよ」と話してくれたのです。私はご紹介の種まきをさせてもらって本当によかったと感じた瞬間でもありました。

午前中には必要としないから「ＮＯ！」と断わられたデジカメも、状況が変わるとその日の夜には「ほしい！」となり、お客様が帰ってくることが実はとても多いのだということを知ってください。お客様は、必要だと思う瞬間があれば、あなたがお奨めした商品を必ず思い出します。思い出したときに、お客様がお問い合わせがしやすいように名刺を渡すこともお忘れなく。

Summary

一度断られた商品も必要となれば買ってもらえる。まずは商品を認知してもらうこと

Section 3-5

商売人の醍醐味、儲けを勘定しよう

あなたは、自分が販売した商品にどのくらい儲けがあったかを知っていますか？

われわれ販売員であり商売人は、お客様に接客をしていくらの売上げを立てたかまでは当たり前のように把握していると思います。しかし、原価計算までして実際にどれだけの儲け（粗利）を得たのかという計算をしなければ、いつまでたってもただのサラリーマン販売員に過ぎません。給料は与えられるものではなく、自分で稼ぐものだという認識を持った瞬間が本当の商売人としての自己成長のスタートです。

頑張っているとか頑張っていないという精神論よりも、商売人にとって最終的に求められることは、とにかく利益を稼ぐことです。この自分の稼ぎがどれくらいあるかが自分自身不透明だと「私はこんなに頑張っているのに給料が安い」などの不平不満も当然出るし、モチベーションも持続できないものです。

以前の私は、まさに給料が足りない嘆き症候群の1人でした。当時の店長に、なぜこんなに一所懸命に頑張っているのに給料が上がらないのかを聞いたことがあります。

店長に自分の頑張りは認めてもらっていましたが、私の個人売上実績とともに私が稼ぎ出した粗利益を算出した資料を見せられたときに私は愕然とするのです。自分の給料分＋α分しか粗利が稼げていないという現実を見せつけられたからです。

頑張っているのはあなただけでなく、皆同じです。皆頑張っています。そして与えてもらう給料は、会社からもらっているのではなく、お客様へのサービスの対価としてお客様から還元されたものだということを、私たち商売人ははっきりと自覚しておかなければならないのです。実績の数字を基に自己主張する！ そのためにも、自分の粗利益の計算は当たり前のことだととらえてください。

感謝します、おもてなしします、だけの精神論・理想論だけでは、現実問題として商売は成り立ちません。

一方、儲けることに対して罪悪感を抱く販売員が増えています。まったくもっておかしな話です。儲けがなければ、あなたの店は存続できないからです。あなたの店がなくなったら困るお客様を想像して思い返してみてください。いつもご利用いただいているあのお客様も、いつも応援してくれているあのお客様も、あなたにいつも会いに遊びにきてくれるあのお客様もみんなガッカリして悲しむことでしょう。

そして、儲けを勘定するということは、われわれ販売員にとって一番の楽しいイベントでありモチベーションが上がる醍醐味です。そして何より、立派な社会貢献だと知ってください。その儲けの分だけ、税金としてより多くのお金が地域社会に役立つお金として使われるわけですから、逆を言えば儲けが少ない企業は社会的役割を果たしている度合も少ないとも言えるのです。

私は、粗利を算出する手法として、接客をしてレジでお会計をしたときに必ず行なっているある習慣があります。

それは、お客様にお買い上げいただいた商品のレシートを再印刷して、その日の分を手帳に貼り付けていくという作業です。そして、手隙の時間や業務が終わる前にその手帳を開き、販売した商品と仕入値を1点1点突き合せしながら、1人のお客様からいくら稼いだのか利益を計算する時間を作るというものです。一見嫌らしい光景に思われるかもしれませんが、この瞬間がめちゃくちゃ楽しいのです。逆に、この作業をすることで、改めて接客をさせていただいたお客様を1人1人思い返しながら、これだけの利益を稼がせていただいたという感謝の気持ちもあらためて生まれますし、その1日自分がどれだけ頑張ったのか、どれだけ会社に貢献したのか、自分の1日の人件費に対して何倍稼げていたのかを知ることで、自分がプロの販売員として成長しているのか、お客様から必要とされているのか、店の成長に貢献できているのかを知る通知表になるのです。

ここでのポイントは、自分が接客についていないお客様が商品を自ら選び、レジでお会計をしたときのレシートは含まないということです。純粋に、自分が存在したからこそお客様が購買を決める要因になった接客から生まれる儲けの算出法です。

私が、この自分の1日の稼ぎを毎日計算するようになったことで変わったことが2つあります。

1つ目は、店に並んでいる商品の原価をすべて頭に叩き込めたということです。商品を接客している段階で、たとえば競合店などの値引き競争に巻き込まれてしまい利益を削ったとしても、そのメイン商品に付随する関連商品も同時にお奨めをし、粗利ミックスにすることで、トータルの粗利益を確保するという思考が身につきました。

2つ目は、接客した商品が決まったからといってまっすぐにレジに向かわなくなったことです。たとえば写真のご注文コーナーでプリントのご注文をいただいた後、レジに向かう途中にあるアルバムコーナーや額コーナーなど、付随する商品のご紹介も必ず行なうことで1人のお客様からの単価を上げる発想が身につきました。お客様も、必要がないものは買いません。逆に、付随商品を一言ご紹介させていただいたことで、お客様に「うっかり買って帰るのを忘れるところだった！　言ってもらってよかった」とか「こんな便利な用品があったのか」と知って買っていただけることに身をもって気づいたのです。その積み重ねの結果、もちろん自分の日割、週間、月間、年間の粗利益は急激に伸びました。

「お客様＝商品＝売上げ＝利益＝給料」このサイクルをとらえて実践をすることが、サラリーマン販売員から脱却したりマンネリを打破することにつながります。稼ぐという本来の商売の醍醐味や本質を、数字と金額からも自ら学んで気づき、毎日の変化を楽しみながら自分を大きく飛躍させる喜びを知ることは、高いモチベーションを維持していくためにもとても大切なことなのです。

Summary

自分がどれだけの利益をもたらしているかを知ることが、売れる販売員への第一歩

Section
3-6

わからないことは一番得意な人に聞いたほうが成長する

私は売れない販売員時代、自分を守り言い訳をすることで毎日が精一杯でした。

接客の勉強会などで、店長や先輩からいろいろな売り方や接客のテクニックを教えてはもらえるものの、結局いつのまにか自分の売れないやり方に戻ってしまい、お客様に何も買っていただくことができずに帰らせてしまう日々が続きました。

そんなときは、先輩がすかさず私の元へやってきては、「こないだ教えたことはちゃんと覚えているのか？　やっているのか？」としつこく聞かれるので、自分を守ることに必死な私はムキになって「知っています！」「やっています！」「やったけどダメだったんです」と答えていました。

本当はろくにできてもいないのに……でも、そう言えば上司や先輩たちは私に対してそれ以上何も言わなくなることも同時に知っていたのです。

人は、得意なことほど熱心に教えてくれるもの

あるとき、カメラに詳しい常連客が私のところへやって来て、「この写真はどうやって撮ったかわかるか?」と写真を見せてきました。

カメラ写真専門店の販売員として、「そんなこともわからないのか?」と言われるのが怖くてわからないとは言えず、「うーん」「うーん」と悩んだあげく、恐る恐る「すみませんがわかりません。教えてください」と答えると、常連客はうれしそうに「兄ちゃん、わかんないのか? じゃあ教えてやるから!」と、さまざまな撮影に関する技術を私に丁寧に教えてくれたのです。

私は、無茶苦茶勉強になって楽しくなってしまい、「もっと教えてください」とお願いをすると、さらに必要以上にいろいろなことを教えてくれました。その常連さんは最後に驚くべきことを口にしたのです。

「兄ちゃん、かわいい奴だな! また教えてやるから! 今、俺はこのカメラ買おうと狙っているから、ちゃんと俺に売れるように勉強しておけよ!」とおっしゃったのです。

「お客様よりもはるかに知識のないカメラ写真専門店の販売員の私がかわいい?」

その後、そのお客様は本当に私から高級なカメラを買ってくれました。

聞く人を間違えるな！　一番得意な人に聞け！

そのやり取りから学んだことは、人間は自分の得意なことを聞かれると、必要以上に教えてあげたくなる心理が働く、かわいがってあげたくなるものだと学んだのです。教えてもらえてかわいがられるのであれば、お客様だろうと苦手な先輩だろうと、どんどん聞いたほうが得だと腹に落ちたのです。

私は早速、尊敬する圧倒的な販売力を持つ先輩に「この商品が売れなくて本当に悩んでいるんです」と、自らアドバイスを求めました。

そこでも、やはり先輩はうれしそうな顔で、親身になって一緒に接客シミュレーションを何度もしてくれたり、実際の私の接客にまで入り込んでサポートをしてくれたのです。そして、私がこの売り方を続けられる方法まで、私流に落とし込んで一緒に考えてくれるくらいかわいがってもらえました。すぐに売上げは伸び始めました。

あなたは1人じゃない！　応援してくれる人はすぐ近くにたくさんいた！

それからは、わからないことやできないことは、その分野が一番「得意」な人に教わるようにしました。

たとえば、Aという商品をズバ抜けて販売している販売員がいるとしたら、その人に直接教えてもらうのです。他店舗の販売員であれば、店の電話で何度でも相談をする、休暇を利用して得意な販売員のいるお店に足を運んで直接勉強をする。みなさん、一様に親身になって教えてくれました。

それまでの私は、一番教え方が優しそうな先輩や、一緒になってできない愚痴を聞いてくれそうな販売員を選んで相談をしていたのです。そんな恥ずかしいことにも気づかされ、周囲に迷惑をかけていたことがやっとわかったのです。

Summary

素直に教えを乞えば、相手はきっと親身になって教えてくれる。かわいがってくれる

Section 3-7

自分のことを理解してもらいたければ、相手のことを先に理解する

お客様との接客でも職場の人間関係においても、考え方の違う人と人が関わる以上、悩みは付きものです。とくに、店舗内で接するスタッフは家族よりも多くの時間を共有するわけですから、1人でも苦手な人や嫌いな人がいれば、それはもう辛い毎日になります。

仕事の悩みのストレス解消に友人と酒を飲んだり、カラオケや旅行に行って日ごろのうっぷんを晴らしたとしてもそれは一時的なもので、仕事に戻ればリアルな日常が待っているのです。

自分の目の前に「対人間的問題」が生じた場合、普通の人は〝自分が正しい〟という思いに捉われてしまい、自分が変われない言い訳を考えてしまいがちです。そして、相手や環境が変わることを求めます。さらに自分自身が変われない理由、できない理由を、自分にも相手に対しても一所懸命理由づけて、○○だから変われない、できないと正当化して主張するのです。

そのレベルにとどまる限り、いつまでたっても普通の人であり普通レベルの販売員から脱却することはできません。売れるプロの販売員は、お客様との関係性も職場の人間関係性を構築するのがとても上手です。

売れる販売員の考え方の特徴は、お客様との接客でも職場の人間関係でも目の前の問題や困難に対して常にマクロにもミクロにも向き合い、〇〇をクリアすれば変化を起こせるかもしれない、そのためには……と、できる理由を探すことを思考のスタートにしています。そこの決定的な考え方と学び方の違いが習慣としてあり、自分が変わることでしか環境は何も変わらないことを、経験から知っているのです。相手や環境が変わることを願ったとしても、状況は何ひとつとして変わりません。

まずは自分が変わること

たとえば、あなたの職場に嫌いな人がいたら、仕事中もきつい状況が続くと思います。嫌いな人とでも、ビジネスであれば共同作業をしなければなりませんから、そんな状況下で仕事を元気ハツラツ楽しく面白くすることなんてできないし、いい仕事はできません。

それを、本気で乗り越えたいと思うなら、「まずは、自分が先に変わる」こと。そして、「自分のことを理解してもらいたいのなら、その前に相手のことを理解する」という考え方の習慣を身につけるべきです。

私は新人時代、サトーカメラが嫌いでした。それも超がつくくらい大嫌いでした。

もちろん、勉強不足の若造が考えることですから理由はいろいろとありましたが、最大の要因は、当時の店長が嫌いだったことです。店長が嫌いで苦手で、それだけの理由で会社全体のイメージまで悪くなってしまいました。仕事が楽しいはずがありません。店長が休みの日は、それはもうハッピーです。天国です。店長が店にいる日は少しでも話しかけられないように、とにかく逃げまくりました。狭い店内では、いつも店長を警戒します。店長が動けばその対角線上に逃げて、店長の視界から消えるという行動を繰り返していました。

お客様を接客して、買ってもらえなければ、店長は毎回私のところにやってきては事情聴取し、30分以上説教しました。私の接客に至らないところがあれば、すぐさまやってきて30分以上説教しました。他のスタッフはそれほど言われないのに、何で俺ばっかりと店長の顔を見るだけ、声が聞こえるだけで、胃がキリキリ痛んだものです。

そんな日の夜は、嫁に求人広告を片手に愚痴りました。「あの店長はひどい！　サトーカメラなんて嫌いだ！　なんで俺ばっかり」と。

ある日、またしても店長の愚痴を嫁に話していると、嫁にこう言われました。

「いつも店長に説教されている内容って同じようなことばかりじゃない？　いつも同じこ

とで怒られているんだったら、自分が先に変わったほうが、状況がよくなるんじゃないの？　そうしたら店長も変わるんじゃないの？」と返されました。

今、考えてみればたしかに当たり前の話ですが、そのときの自分は被害妄想にどっぷり冒されているため、すぐさま素直に受け止めることができません。あの人は、普通の人じゃない特別な人だから。自分のことが嫌いでいじめてくるだけだ、と決めつけていました。さらに、店長から届いた年賀状の一言には「早く上に上がってこい！　上から見える景色に興味はないか？」と書かれていました。これは、私からすれば新たな事件です。それを見てまた激怒です。「自分は店長として成功しているからって、ずいぶん上から目線で何だ偉そうに！　俺は俺だ、別に上からの景色になんて興味がない」と思っていました。

そこへ、追い打ちをかけるように、たまたま店長からの年賀状を見た父親がやってきて「お前の店の店長、話を聞いていたよりもずいぶんいい店長だな！　こんなメッセージを書いてくれる上司は、なかなかいないぞ！　自分のことを正当化するのもいいけど、相手のことを理解しようと努力することもお前には必要だぞ」と言ったのです。

そう言われたときに、はじめて嫁から言われた「自分が先に変わったほうが早い」という話を思い出しました。たしかに、自分がこんなに辛いんだということを理解して欲しいという気持ちが先行してしまい、店長が自分に貴重な時間を割いてでも真剣に関わってくれるのはなぜなのか？　を考えたときに、店長が自分に対してどのように考えているのかを知りたいと思いました。そのためにも、私は自分の行動をまずは変えようと一念発起したのです。私は心に誓いました、「自分が先に変わろう！」と。

翌日から、店長を避けることをやめて、逆に店長に近寄るように行動を変えました。店長の接客中は、すぐ間近で接客を勉強しました。店長の接客をまともに聞いたことも知ろうともしていなかった私には、まさに気づきの宝庫でした。本当に勉強になりました。

たしかに、このレベルの接客をする店長から見たら、自分のような者は放っておけるはずがありません。店長の1日の動きを観察していると、自分も真似したくなるようなお客様への気配りがあったり、まわりのスタッフへのサポートが行き届いていたり、売場のことを考えたり、店長の目線で考えてみると、お客様や店のため、スタッフのためにいつも真剣なんだなという気持ちが伝わってきました。

相手のことを知って理解しようと思えば思うほど、自分に素直になれるようになり、「たしかにそうだ、相手の言う通りだ、自分にはここが足りないのだ」と、相手の話を受容できるようになっていきました。さらに、私の自分が先に変わるという意図を持った行動は進化し、あれほど嫌いだった店長と一緒にお昼休憩を取ることを自ら決めるのです。「たったそれだけのこと？」と、思われるかもしれませんが、当時の私からすれば、それくらい勇気の必要なことでした。

今でもはっきり、その日の休憩時間に店長と話した中身の一言一句を覚えています。

店長の動きを観察して感じたことや自分との接客の違いに驚いたこと、勉強になったこと、何で、そんなに接客がうまくなったのか？　など、とにかく店長のことを知ってもっと理解して、もっと自分が変わりたいという思いがたくさんの質問となって出てきました。そして、店長と会話をする中で、店長のことを理解する上で一番重要なキーワードを聞き出すことができました。それは、「俺は、できない奴に基準を合わせるつもりはない！　自分の基準まで這い上がってきてもらう」というひと言で自分の覚悟は決まりました。この人に認めてもらえるように、もっと自分を変えていこうと、店長の言う、店長から見える景色を俺も見てみたい、と心底思えた瞬間でもありました。

自分を変えると決めるのは自分しかいない

あれから12年後……自分が先に変わる！　自分のことを理解してもらいたいなら相手のことを先に理解する！　の繰り返しの実践の中で、サトーカメラ宇都宮本店の店長になり、執行役員にまでなっている自分がいるとは、そのときには夢にも思いませんでした。

自分自身が変わりたいと思うのなら、変化を起こすときのポイントは飛び込むことです。

接客でもクレーム処理でも、職場の人間関係でも、自分が変わりたいと思うのなら、まずは一歩踏み出して飛び込んでみることです。飛び込んでしまえば、目の前の状況を何とかするしかないのですから、そこではじめて考えればいいのです。悩んでいる時間は短ければ短いほうがいいに決まっているからです。

余談ですが、この話には続きがあります。このエピソードの1年後にサトーカメラ宇都宮本店がオープンする際に、販売力が強いアソシエイトを全店から集めることになり、そのオープンメンバーの一員として私に白羽の矢が立つことになるのです。その際、私を強力に推薦してくれたのがそのときの店長でした。

Summary

他人のせいにしていては状況は変わらない。変化を起こすためにはまず自分が変わること

Section 3-8

困難は必要なタイミングで現われる

現在、店長になって12年目。販売員歴20年。数え切れないほどたくさんの失敗をしてきました。

業績がかんばしくなくて、「もう逃げ出したい」と思うこともありました。

たくさんのお客様にも、ご迷惑をおかけしてきました。いつも、不安でいっぱいで何度も押しつぶされそうになりました。

これは絶対に解決できないであろう、たくさんの大問題も、一所懸命に自分でもがきながら、ジタバタしながら、周囲には助けを求めながら、知恵やアイデアをたくさんの人からいただきながら、ときには「1人で悩まれたら迷惑なんだよ！」って言ってくれる人もいて、最終的には自分で一歩前に踏み出すか否かだと気づいたことで、何とか乗り越えてきました。

そんな私でも、20年間販売の仕事に携わってきたからこそ言えることがあります。

それは、どんなに辛くてたいへんな局面を迎えたとしても「目の前の問題に向き合い、逃げださなければ、解決されない問題など何ひとつない！」という事実です。

今の自分の悩みだったり、人間関係だったり、自分の起こしてしまった失敗だったり、仕事の将来に対する不安だったり、不甲斐ない自分だったり……。

その状況が、まるで一生続くのではないか？　と思い、ナーバスになることもあります。

でも、これだけは知っておいてください！

どんなに困難な問題でも、不安に押し潰されそうになっても、それを乗り越えられる人にしかその問題はやってこないのです。

そう信じ続けることです。

その人がさらに成長するために、その人にふさわしい壁が必要なタイミングで待ち受けているものなのです。

いつもそんなふうに信じて、今でも私はいつだって、自分で自分に言い聞かせています。

そして、その苦しみはずっと続くものではないということも。

自分が、常に素直で前向きにどんなことからも学びながら行動していれば、必ずそれを乗り越えて、より成長している自分が必ず未来にいます。

●不満で生きてはいけない。不安はあって当たり前

今でも私は、いろいろなことに対して不安を感じています。いつでも不安が先行し自分に自信もなければ、現状に満足することもありません。

しかし、それでいいことがわかりました。なぜなら、不安を感じながら生きているということは、将来がいつも見えている証拠だということに気がついたからです。

不満は「現状思考型」で今の状況を嘆いているものだとしたら、不安は「未来思考型」で前を向いて動きながら考えている証拠になります。それに気づいてから、不安を感じている自分を素直に「今、自分は、前を向いて進んでいるのだ」と自己受容できるようになりました。

さらにこの思考により、人は欺けても、自分のことを欺くことは永久にできないのだという気づきにもなり、自分のことが信じられるようになりました。

これが、仕事をする上での、竹原賢治流自己啓発なのです。

Summary

不安を感じるということは、自分が未来に向けて進んでいることの証だ

Chapter
4

4章

バカ売れのヒントはお客様との接点にあり

Section 4-1

あなたの店には、実際の客数の2倍3倍のお客様が来ている

一般的に、われわれ販売員が呼ぶ「客数」とは、レジを通過したお客様の総人数のことを指します。同じ系列店でも店の立地や規模によっては、当然客数も大きく変わることでしょう。それは、十分私も理解ができます。

しかし、「あそこの店舗は場所がいいから」「うちの店は立地が悪いから」と客数が伸びない＝商品が売れない理由を自分以外のことに責任を転嫁してしまうような思考になってしまったら、店も販売員自身も衰退の一途をたどるだけだということも理解していただきたいのです。

本当にあなたの店は、レジ通し客数から見える客数の少ない店なのでしょうか？　本当に、あなたは客数が少ない店の販売員だから売れていないだけなのでしょうか？　冷静に目の前のお客様について考えていただきたいと思います。

実は、こんなにたくさんのお客様が店に遊びに来ていた

みなさんの言う客数とは、あくまでレジを通過したお客様の人数のことを指しているだけであって、実際にはその2倍、3倍を超えるお客様が来店しているという事実を知らなければなりません。

たとえば、お友達や会社の仲間等、5人グループで来店されたお客様も、1人しかレジを通過しなければレジ通し客は「1名」ですが、実際には「5名」ものお客様が来店されています。レジを通過しなかった残りの4名のお客様にも、もし商品をアプローチして欲しくさせることができていたら、レジ通し客数は2名にも3名にも5名にもなっていたかもしれないのです。そのための努力を意図的に、あなたは販売員として何かアクションを起こしているでしょうか？　ちょっと視点を変えるだけで、物事の見え方や捉え方はどんどん変わります。カップルで来店されたお客様、ファミリーで来店されたお客様の場合も同じです。その中の1人しかレジを通過しなければ、当然客数はたった「1名」なのです。

客数×単価＝が店の売上げになるのですから、客数を上げればもっと売上げは伸びます。

そのためには、お金をかけてチラシやＤＭをまいたりするのも手ですが、すぐに効果が出る手段は、目の前にもっとたくさんのお客様がいるじゃないか！　ということに気づくことなのです。

●「楽しい」「面白い」はお客様を巻き込む魔法のキーワード

たとえば、先日はこんな事例がありました。20代前半の女性グループが4人で来店され、その中の1人の女性が趣味としてデジタル一眼レフを始めるために説明を受けたいとのことでした。その女性以外の3人は、カメラには興味がなさそうで、接客を待っている間は店内のアルバムコーナーやデコレーション用のマスキングテープコーナー等を見て、若い女性同士らしくワイワイ楽しく談笑をされていました。

私は、その待っている女性のお客様にも意図的に声をかけ、名札を見せながら挨拶をしました。

「店長の竹原賢治です。お友達がどんなカメラを選ぶのか、ご一緒に話をぜひ聞いて帰ってください！　お友達が気になっているカメラって、すごく楽しくて面白いんですよ～」と3人の女性を巻き込み、4人にイスにかけていただいて接客をスタートしました。どんな写真を撮りたいのかなどをヒアリングする中で空を撮ったり、風景を撮ったり友達を撮ったりすることが好きで、日常の情景をお洒落にかわいく撮りたいという想いを私は感じ取り、数ある種類のカメラの中からお客様の好みに合う一押しのミラーレス一眼と、交換レンズ3本をご紹介しました。

私は接客での経験上、女性は自分を磨くことに関心が強いことを知っています。ですから、私はカメラの説明をする中で、たくさんの見本写真を見せながら、カメラを趣味にすると感受性が磨かれて観察力や洞察力が身につき、カメラを通して女性としての魅力もアップしますというお話をしました。内容の一部はこんな話です。

お客様は自分の知らない世界にこそ興味をそそられるもの

「もし、外を散歩していて水たまりがあったら普通よけて通りますよね。でもね、一眼を使っていると、観察力がつくからその水たまりに何が映っているのか興味をもって覗きこみたくなるんですよ！　そうすると、雨上りの晴れわたった空や雲が水たまりにきれいに映り込んでいると、ラッキー♪と思ってシャッターチャンスになっちゃうんです。実は、わざわざ遠出をしなくても普通の日常の中に自分たちが気づいていない美しい情景はいっぱい隠れていて、一眼を使っているとそういうのがどんどん目に飛び込んでくるようになるんです。そこに気づかない人生ってあまりにもったいないと思いませんか？」と。

4人の女性の、カメラを見る目つきが変わっていくのを私は肌で感じました。「この写真は、虹が出た日に水たまりに虹が映りこんだのを発見したときの写真なんです」と現物を見せると、女性4人同時に「すごーい!!」と目を丸めてエキサイト!!　女性客は全員「私もほしいーーー!!」と話が発展しました。

それでも、カメラと交換レンズ3本で1人頭の買い物は20万円です。クロージングは、「値引きしますから、みんなで買ってください」ではありません。「みんなで写真を撮る喜び」、「みんなで写真を見る幸せ」について諭すように話しました。そして、「たしかにカメラとレンズを買うのに、20万円と考えたら高い買い物ですよね。でも、みなさんが買おうとしているのはカメラではなくて、想い出なんです」という言葉がクロージングとなって、4人全員がミラーレス一眼と交換レンズ3本を喜んで購入されていきました。これが竹原流の接客です。

●目的外のお客様が目的客に変わる瞬間

私流の持論で説明をさせていただくと、販売員自らアクションを起こして全員を接客に巻き込んだ瞬間から、一眼レフに対して最初は興味のなかった女性3人が、言い換えるなら、はじめから一眼レフに興味があるから話を聞かせてほしいとご来店されたシチュエーションに切り替わったということです。

私からすれば、そのアクションの根底にあるのは、1人でも多くのお客様に自分が知っているカメラの楽しさ、面白さを伝えたいという思いであり、それが行動となり、レジ通し客を増やしたということです。

さらに、先日はお父さんお母さんの写真注文の付き添いで来店された女子高生が、時間つぶしに1人でデジカメを見ていました。声をかけると、やはり写真注文をしている親御さんを指さして「待っているだけです」と言われました。私はすかさず、「カメラは何を使っているのですか？」と質問をすると、スマホを買ってもらってそれで撮っているという話を聞き出しました。1枚10円でプリントができるスマートフォンプリント、略してSプリの話をすると「やってみたい！」という話になり、ご両親にもきちんとご挨拶をさせてもらった上で、お隣の写真注文コーナーでプリントする写真を一緒に選び始めました。すると、記録されている画像は2000枚を超えていました。お友達とのプリクラや家族写真や日常の写真がたくさん詰まっていて、私は「写真が好きなんですね」と尋ねると、女子高生はニコッと笑って、「すごい好きです」と話されました。もっときれいに撮れるカメラがあるからと、写真ができるまでの間、私が「お奨めのカメラを見て帰ってください」と伝えてミラーレス一眼をご紹介しました。最終的に女子高生は、このカメラが「欲しい！」となり、お父さんお母さんにおねだりし、半年早いお誕生日プレゼントという名目でご購入いただけることになったのです。

このように、レジを通過する客数よりもはるかに多い来店されるお客様1人1人に、どうすれば商品をお買い上げいただいてレジを通過してもらえるかを考えなければなりません。われわれ販売員は、もっとお客様に関わっていかなければ、売れる販売員にはなれないのです。客数が少ないと嘆く前に来店されているお客様を見て、もっと関わる努力をぜひしてください、あなたのお店に、実はたくさんのお客様が来店されていた事実に気づけば、おのずからあなたの行動も変わるはずです。

Summary

目的外の来店客を目的客に変えるには、もっとお客様に目を向けて関わること

Section 4-2

損得よりも善悪で判断！東日本大震災当日は営業続行を決意！

2011年3月11日——国内観測史上最大級、東日本大震災発生。栃木県宇都宮は震度6強。私は地震発生時、たまたま休憩に入っておりカップ麺を食べていました。

はじめは微震の状態から、徐々に大きな揺れに変わり、あわてて店内へ向かうと、今まで味わったこともない大きな揺れへと変わりました。大きな悲鳴とともに外へ避難するお客様、柱に一所懸命つかまって身動きの取れない年配のお母さんを誘導するアソシエイト、高級一眼レフカメラを守るためとショーケースのガラスが倒れないように抑えるアソシエイトたち。建物が崩れるのではないかというくらいの大きな揺れに、私は「外へ逃げろーーーーー!!」と大きな声で叫びながら、「カメラなんてどうだっていい!!」とアソシエイトを思い切り引っ張って外へと連れ出しました。

私が店長を務めるサトーカメラ宇都宮本店内は、見るも無残な状態になりました。商品は散乱し、どこから手をつけたらいいのかもわからないほどぐちゃぐちゃな状態に、もう放心状態です。とてもではありませんが、営業なんてできる状態ではありません。

もちろん、次に不安になるのは家族の安否です。

お客様を安全に避難させた後も、何度も何度も襲ってくる地鳴りのような余震に停電に断水、店内にはもういられる状態ではありませんでした。

停電に断水、信号ストップ、ケータイも家庭用電話もつながりません。本部との連絡もつかないため身動きも取れずに寒空の下、不安と寒さに押しつぶされそうになりながらただ呆然と立ちすくむ私とアソシエイトたち。家のことがどうしても心配だというアソシエイトには帰宅してもらい、近隣の店は早々に店じまいを始めていました。われわれも、店を閉めて帰宅をするか？　私は判断と決断を迫られました。

店はお客様のためにある

そんな中、「電池を買えますか？」と、他店で断られた地域のお客様が1人2人とやってきました。

この状況下、電池がどれだけライフラインに必要になるかは、お客様を見ていて容易に想像がつきました。ラジオや懐中電灯、ケータイの充電にと地域のお客様に販売する電池の在庫が大量にあったことが、早く帰宅して家族の安否を確認したいと考える私を大きく悩ませる理由になりました。これだけの電池があれば、どれだけの人数のお客様の助けになることか。いや、それ以前に私も家族の安否や家の状態も心配です。私は何度も何度も自問自答を繰り返す中で、今日の自分があるのは、地域のお客様に育ててもらってきた結果だということを、お客様1人1人の顔を思い浮かべて思い返していました。その地域の大勢のお客様が、困っているのは目に見えてわかりきっています。

「店は客のためにある」

今、何をするべきか？　今の自分にできること。サラリーマン店長としてではなく、商売人として、自分は決断を下しました。

地域のお客様のために店を開けよう！　地域のお客様が必要とするならば、今ある乾電池の在庫を外で販売しよう！　それが今の自分たちにできることだ！

雪も散らつく寒空の下、地域のお客様が続々とわれわれのもとにやってきます。やがて、それはどこまでも続く長い行列へと変わっていきました。

「電池買えまーす!!」

「トイレ使ってくださーい!!」

「あたたかいコーヒー差し入れしまーす!!」

地域のたくさんのお客様に気づいていただけるように、大声でみんなで声がかれるほど叫びました。

お客様からは、「ありがとう」、「ありがとう」、「ありがとう」、「ありがとう」、「ありがとう」、「ありがとう」、「ありがとう」と、何度も何度も声をかけていただきました。それは、「ありがとう」の声を一生分いただいたのではないかと思うほどでした。

災害時の暗闇の中、店が開いていることでお客様が抱く安心感は、私たちの想像をはるかに超えるほど大きなものだということはお客様の表情が物語っていました。

営業終了時間が過ぎ、お客様の列が途切れたところで、私たちはあわてて帰路につきました。家族の無事も確認して安堵する中で、肝心の自宅に電池がないことにもそこで初めて気がつきました。家族には、事情を何度も説明して詫びました。その夜、何度も訪れる地鳴りのような恐ろしい余震で眠ることもできない中、停電で家の中は真っ暗の状態。ガラスも飛び散り隙間風に体も芯まで冷え切り、悲壮感漂う中で自分がとった行動が正しかったのかを、家族の寝顔を見ながら1人で考えていました。

翌日も、早朝から店外に乾電池を持ち出して販売し続けました。

次から次へと地域のお客様の行列ができ、1人1人のお客様に笑顔で声をかけながら、「頑張りましょう！」とお客様と励まし合い握手をかわしました。お互いに励まし合う中で、何度も涙がこぼれ落ちそうになりました。

そして、その後もしばらく続くこととなる計画停電中も、店を閉めずに寒空の下ずっと外に出て電池の販売を続けました。ただ、災害に遭っても店を開けているという当たり前の行為が、どれだけ地域のお客様のお役に立てているのか、頼りにされる存在となれるのかという喜びを肌で感じとったからこそ、自発的に続けられたのだと思います。

その繰り返しの中で、そのときに本当の意味で腹に落ちたことがあります。それは「損得よりも先に善悪を考えよう」という言葉です。私が今になって、あのときの考えや行動は間違いなかったと確信できたのには理由があります。それは、災害に便乗するような値上げ販売などは一切行なわなかったということです。

震災直後、街は停電。暗闇の中、車のライトだけをたよりに電池を販売

なかには「高くてもいいから、通常の価格の何倍もの金額で全部買い占めたい」というお客様も現われました。もちろん、それを行なえば目先の売上げは大きく伸びることは簡単に予測できましたが、地域のお客様の1人1人の顔を見て真剣に向き合っていれば、そんなことは絶対にできるはずもありません。店は誰のためにあるのか？「店はお客様のためにあり、従業員と地域のお客様と共に栄える」のだという確信です。

あれから3年が経ちました。いまだに、あのときのお礼を何度もおっしゃっていただけるお客様や、電池がきっかけで常連になったお客様、その商売ぶりを人伝てに聞いてカメラを買うならここに決めていたとおっしゃるお客様は、今でも後を絶ちません。

「店はお客様のためにあり、従業員と地域のお客様と共に栄える」

3月11日を、私は商売人としての気づきの原点としても絶対に忘れることはできません！

そして東日本大震災を心に刻み、お亡くなりになられた方たちの御霊に対して黙祷を捧げます。

Summary

店はお客様のためにあり、地域のお客様と共に栄えることを忘れてはならない

Section 4-3

お客様の問い合わせは断らない。断らない接客とは

私たち販売員は、お客様のご要望に対して安易に断っていることが多いことに気がつかなければなりません。

お客様は、何かしらの期待を持って店に足を運んでいただいているのに、安易にお客様のご要望を断ってしまったのでは、お客様の店に対する期待値は一気に下がることになるのです。われわれが商売をする上で、そのたった一度の断りがきっかけで、二度と店に足を運ばなくなったお客様の数は計り知れないと私は推測しています。

お客様も買い物のプロですから、一所懸命に努力した結果の店側の断りなのか、安易に断られたのかくらいは、販売員の応対からわかるものなのです。

裏を返すと、店から見て無理難題でも断らなければ、一気にお客様の期待値を高め、ファンにしてしまうことができることを、私は実体験から学びました。

多少難関でも「何とかします」からスタート

私が、趣味の写真撮影で寒冷地へ向かうため、防寒靴を買いにスポーツショップに出かけたときの話です。

靴は、機能性よりもデザイン性を重視する私にとって、運命の出会いと思えるような好みの靴が並んでいました。店員さんに私の靴のサイズである27センチの在庫があるかをたずねると、26センチまでしか在庫がないとあっさりと断られてしまいました。あきらめきれない私は、他の店舗に在庫がないかをたずねて、はじめて近隣の店舗に確認をしてくれました。もう、この段階でこの販売員＝店に対する期待値はどんどん下がっていきます。

しばらくして、10キロ離れた系列の店舗に26・5センチならあると言われ、ギリギリ履ける可能性もあるので、まずは試す価値があると思い、10キロ離れた系列店舗へと自分の足で向かって試足させてもらうと、やはりサイズが合いません。翌々日の撮影に履いて行きたい私は、何とか在庫を用意できませんか？　とたずねると、「デザイナーズモデルだから希少なんです」とか、「もうちょっと早ければ」と、何とかしてくれそうな気配が微塵も感じられない販売員さん。口にはしないけれども、「そろそろお引き取りください」的なオーラが見え見えで、これ以上期待しても意味がないと判断し私は購入をあきらめました。

その帰り道の車内です。たまたま新しい靴屋さんを見つけて、「こんなところに靴屋ができたんだ」と思い、ちょっとだけ期待して入店しました。すると、私の運命とも思えた、先ほどの私好みの靴が置いてあったのです。あわてて、近くにいた男性販売員を呼び、「27センチの在庫はありますか？」と質問をすると、やはりその販売員も在庫がない旨を説明されました。

　しかし、ここからが先ほどまでの店員と違うのです。「いつまでに必要ですか？」と質問をされ、明後日の朝には使いたいという私の希望と、どのような使用用途で履くのかという私の趣味嗜好の話まで、親身になって聞きだしてくれたのです。

　そして、「わかりました！　お客様がよい写真が撮れるようにお手伝いしたいので何とかします！　お時間を少しだけください」と言われました。その一言だけで私は感激です。もし、在庫が手に入らなかったとしても、その販売員と店に対する期待値が一気に高まり、何か買って帰らないと申し訳がないという気持ちにまでさせられました。10分後、その男性販売員が戻ってきて、「何とかしました！」と、何ともうれしく頼もしい返答をもらいました。

　でも、何か無理をさせてしまっているのではないかと思い、「何だか、悪かったね。本当に大丈夫なの？」と確認すると、「東京の支店に在庫があったのですが、実は社内のルート便や宅急便で回すと明日にはどうしても間に合わないので、エリアマネージャーに連携して直接届けてもらうようにお願いをさせてもらったのです」と爽やかに答えられました。

もう、一気にこの男性販売員と店が気に入ってしまった私は、待っていたときに、少し気になる仕事用のスニーカーを見つけていたのですが、その靴も男性販売員から気持ちよく購入をさせていただきました。

そのときに感じたことは、人が自分のために親身になって考えたり行動してくれたり一所懸命に何かをもたらしてくれると、今度は自分も相手に何かをお返ししたいという気持ちにさせられるものだということです。

もちろん、いまだに靴を買うときには、遠くてもその販売員のいる店に真っ先に向かってしまいます。断られたスポーツ店には、それ以来まったく行っていません。これがお客様の心理なのだ、と身をもって学んだのです。

断らないことで、驚くほど知恵が身につく

それから、私もこの断らない姿勢で販売の仕事に臨むことにしました。しかし、いざ意識してやってみると、かなり難しいものです。あらためて、ふだんからあっさりと断っている自分がいたことに、嫌が応でも気づかされました。

しかし、私の心を一気につかんだ靴屋の男性販売員のような応対を続けていけば、お客様の期待値は上がり、自分のファン、店のファンは必ず増えると信じ、まずは断り文句を言お

うとする自分の気持ちをグッと抑えて、多少無理難題でも「何とかやってみます！」を返答のスタートにするようにしました。

たとえば、通販で購入したプリンターの使い方を教えてほしいという年配のお客様が来店されたときの話です。内心では多少なりとも、「それをうちの店に教わりに来る!?」という思いがありながらも、「任せてください！」と相手の希望に乗ることをスタートにした訓練を意図的にしていきました。そのときも、使い方を教えてあげたお客様はたいへん喜んでくれて、「いくら払えばよろしいですか？」と聞かれましたが、「お金なんていりません！　これくらいなら、いつでも教えて差し上げますから、また遊びに来てください」と伝えると、「それじゃあ悪いから」とデジカメを買ってくれたのです。

●受け入れたからできたこと

また、こんなこともありました。ケータイの中に記録されている、子どもと一緒に撮った画像をＤＶＤに保存したいという親子が来店されたときの話です。マイクロＳＤカードが入らないタイプの旧式のケータイだったため、将来的にずっとこの画像を保存することができないから、何とかならないかとお客様。ならば、私の会社用パソコンのメールアドレスに、ケータイからメールに画像を添付して送信していただくことを促すと、実は新しいケータイに機種変更をすでにしてしまっているため、目の前にあるケータイは解約状態でした。だから、メールも送れない状況でケータイショップを何軒も断られてきたとのことでした。私も内心、「それじゃあ、うちでも無理だよ」と思いながらも、「何とかやってみましょう！」と受け答えをするところから、できる手段を考えました。さんざん考えた末に、よいアイデアが浮かびました。

「そうだ！　ケータイの液晶に映る親子の画像を、カメラできれいに撮影すればいいのか!!」

親子の私に対する表情は、神頼みをするように真剣そのものでした。

液晶が反射しないように、ケータイに映る親子の希望の画像を最大限の工夫を凝らし、プロの経験と知恵と技術を活かして撮影をすると、思惑通りきれいに撮影することに成功しました。

その仕上がりは、逆にもしケータイからプリントできていたとしても１００倍以上はキレイに残せたという自信があるほどです。そのデータをＤＶＤに書き込みをしてＤＶＤ代金のみを精算しようとすると、「撮影代金はおいくらですか？」とたずねられました。「いや、こういうのは初めてだったので料金とかは決まっていないし、私からすればお客様のために何とかしたかっただけなのでお代は結構です」と伝えると、親子はとても喜んで帰られました。

翌日、親子は菓子折りをもってお店に来店されました。そこで、言われた衝撃的な一言が、「家に帰ってパソコンでＤＶＤを見たのですが、キレイに撮れていて驚きました！　その中でもすごく気に入った画像があったので、とにかく大きくプリントしてください」と注文をいただきました。

それからも、その親子は常連客になっていただき、さらにお友達やご近所の方、会社の方と、カメラを検討されている方をどんどん紹介していただいています。

●商売の本質は相手に喜んでいただくこと

私は、こういった経験を何度も積み重ねるうちに、どんどん考え方を革新させていきました。

それからは、自店に在庫がない商品でも今日中に必要というお客様がいらしたら、競合店から買ってでも間に合わせています。これは本当の話です。商売と関係がなくても、たとえば近隣で車のバッテリーが上がってしまった方が店に助けを求めて来店をされたら、手助けを買って出ます。

自社では行なっていないサービスをお客様から頼まれた場合でも、「何とかしてみます！」を返答のスタートにしたのです。絶対に断らないところから思考し、実践していくことでわかったことは、意外にもどうにもならないことのほうが圧倒的に少ないことに気づき、自分はいったい何を断っていたのかと今になって考えると残念に思えます。

昔から、「損して得とれ」と言いますが、それよりも「損して徳とれ」という考え方を学ぶことです。損をしてでもやっていればいつか得をするという思考ではなく、損をしてでも一所懸命に1人1人のお客様と関わることでお客様が認めてくれて、思いがけないよい仕事が回ってくるということです。この断らない姿勢の継続こそが、あの東日本大震災の際に自店の営業存続のピンチを乗り越える、とんでもない驚きの結果をもたらすことになるのです。

Summary

お客様の要望を断らない姿勢が知恵と工夫を生み、お客様に認められることにつながる

Section 4-4

お客様の問い合わせを断らなかったことが、店の復活をもたらした！

東日本大震災の翌日、早朝から散らかった店内の片づけをしていると、スーツ姿のいかにも会社を支えていますといった感じの実年サラリーマン男性が来店されました。話をうかがうと、明日中に使い捨てカメラ2000個をどうしても用意してほしいという案件でした。何にお使いになるのか話を深く掘り下げて聞くと、保険の営業マンに地震・家財保険加入者の自宅の被害状況を撮影するために持たせたいということと、保険の問い合わせが殺到しているため、とにかく大至急で必要だという内容でした。

そして、何十店舗もの店で断られ続けてここにたどりついた経緯もお聞かせいただきました。普通に考えたら、震災直後のこの状況下、とんでもなく困難な要望だということは十分に承知していました。

できもしない約束をして、万一用意ができずにあとで怒られたりして問題になるのであれば、今ここではっきりと断ってしまったほうが無難です。しかし、私はあえていばらの道を選びました。「わかりました。事態が事態だし、お仕事に支障をきたさないように、必ず明日までに何としてもご用意します！」とお客様にお約束をし、握手までしてしまったのですからたいへんです。私は在庫集めに全力を注ぎました。

しかし、どのメーカーも問屋も、震災による影響で交通網は麻痺状態のため、私たちの明日何とか届けてほしいという要望には、「どうやっても無理！」とか、「確約がまったくできないので、明日になっても届かない可能性が非常に高いですが、それでもいいですか？」といった感じで、わかってはいたものの、仕入先の対応は責任を負いたくないという気持ちが受け取れる返答のオンパレードでした。

後には引けない状況の中、あきらめない姿勢は結果を生みます。なんとか、約束の在庫数をありとあらゆる場所から手配し、足りない分は最終的に自店から往復400キロ離れた仕入先にまで、われわれが引き取りにうかがうなら納品させてくれるという、特別に対応をしてくれる仕入先が見つかり、すぐに出向いて在庫をかき集めました。

●商売は人と人のつながりから生まれる

翌日、使い捨てカメラ2000個を約束通りに納品をさせていただくと、お客様は「助かった！　これで仕事になる、本当にありがとう！」とたいへん喜ばれました。そして、同時に使い捨てカメラ2000個の現像とプリントを私の店に出していただけることまで確約いただきました。

　震災の影響で、これからどうやって営業を再開し元の状態にまで戻していくか悩んでいた店長の私にとっては、本当にありがたいお話でした。

　そしてさらに驚いたのは、その翌日にはさらに使い捨てカメラ5000個と写真のご注文。その1週間後には使い捨てカメラ1万個と、ご注文数は日ごとに増えていき、さらにその分の写真プリントのご注文と、私たちは震災前よりも逆に忙しくなるほどでした。

　自店だけではとても対応しきれず、それは近隣の系列店5店舗を巻き込み応援を要請したほどでした。仕上がった写真や使い捨てカメラの納品のため、私たちはお客様の会社までうかがわせていただくことにしました。後でわかった話ですが、最初に使い捨てカメラをご注文いただいたお客様が、われわれの誠実な応対に非常に感激され、関東エリアの全支店の使い捨てカメラと写真のプリントを、すべて私の店に回していただいたという経緯があったのです。それを知って私はとても感動しました。

　被災後、何度もやってくる計画停電にはうんざりするほど悩まされましたが、そのような状況下にあっても、昨年対比売上げは300%を超え、私が店長になってから、最大の売上げを記録することになったのです。

この本当にありがたいお客様のご厚意による注文は、まるまる2年間も続きました。私たちも注文数が減っても最後までそのご厚意に応えようと、最後の1本までお客様の会社に足を運んで納品しました。

このように、お客様のご希望に対して断らないという姿勢を身につけることは、お客様の期待値を高めてファン拡大につながるだけでなく、私たち販売員にとって実はチャレンジして不可能なことなどほとんどないことに気づくことができるのです。そして、できない理由よりも、できる理由をまずは考えるという、前向きの思考が身につくきっかけになり、それは次の仕事が舞い込む直接的な要因になることが多く、自社にとって革新的な新たなサービスを作る、目から鱗の気づきのきっかけになるのです。

Summary

無理だとあきらめずに最後まで誠実な努力を続けることが、次の大きな仕事に結びつく

Section 4-5

お客様から好かれる販売員になりたければ、お客様の一言一句に関わること

「好かれるように接客する」のと「嫌われないように接客する」ことは、同じようでまったく意味が違います。

私の持論ですが、お客様に嫌われないように接客することはとても簡単なことです。身なりをきれいに整えて、笑顔で爽やかに、必要以上にお客様に関わらず、適当な間合いをとって接していれば嫌われることはそうはありません。

お客様が来店をされたら、接客についてニコニコしながらお客様主導で商品をご紹介し、聞かれたこと以外のよけいな話はしないようにして、お客様と話すことがなくなったら「何かあったら呼んでくださいね」とお客様から離れます。そして、お客様が聞きたいことがあったときに接客について、商品が決まったらレジへとご案内をして、「ありがとうございました」と爽やかにお見送りをする。

これが販売員の接客の仕事だと、勘違いをしていただきたくないのです。

お客様の印象に残らない接客をしている分には、嫌われることもありませんが、好かれることもないという事実を知りましょう。嫌われない接客をいくら続けたとしても、販売員としての成長はすぐに天井が見えてしまいます。

こういった接客が接客だと思っているうちは、周囲に影響を与えられるような、圧倒的に売る販売員には永久になることはできません。

あなたの中学時代のクラスメイトを思い返してみてください。印象に残っているのは、仲のよかった友人、好きだった異性、はたまた嫌いだった人の顔が思い浮かぶと思います。しかし、あれほど毎日同じ学び舎で顔を合わせていた、好きでも嫌いでもなかったクラスメイトのあの人やこの人も印象は、きわめて薄いものとなっていることに気がつくはずです。

毎日顔を合わせていたクラスメイトでさえ印象に残らないわけですから、一期一会でせっかく出会えた目の前のお客様に覚えていただき、またあなたに会いにきてもらいたいと考えるなら、嫌われない接客レベルでは絶対に無理なことです。好かれるか、嫌われるかでお客様の印象に残るのであれば、販売員としてお客様から好かれて記憶に残る人になりたい、と私は考えるのです。

お客様から好かれるといっても印象に残るレベルでなければなりません。そのような販売員になるためには、どのようにすればいいのでしょうか？

●お客様と関わる上で一番大切なこと、それはお客様に興味を持つこと

お客様と関わる上で、販売員に一番大切なことを先にお話ししておきます。それはお客様への興味です。それがお客様と深く関わるという姿勢への第一歩につながります。

会ったばかりのお客様に、興味を持つことはとても難しいことです。だからこそ、お客様の一言一句にこだわらなくてはなりません。お客様の一言一句を聞き取る力が興味へと変わる力になるのです。

このパターンが身についていくと、お客様のことをもっと知りたくなるはずです。この思考が身につけば、お客様から嫌われない販売員から好かれる販売員へと必ず大きく変わることができます。

ほとんどの販売員の場合、お客様の口から気になるキーワードがこぼれても、「ああ、そうですか」と簡単に受け流してしまっており、販売につながるチャンスがあっても、すべて右から左へと聞き流してしまっているのです。だから、いつまでたっても嫌われない販売員＝普通の販売員＝販売量も普通なのです。

身をもってお客様の一言一句にこだわり、興味を持ち、関わることの大切さの真意に気づくことになる、私に大きな変化をもたらした体験談をご紹介したいと思います。

●商品をただ眺めているだけのお客様は1人もいない

入社2年目のある時期、私は極度のスランプに陥っていました。まったくカメラが売れなくなっていたのです。そのときの気持ちは、自信もなくなり意気消沈していますから、接客に付くことすら怖くなっていました。

ある日、デジカメコーナーでプリントの仕上がりを受け取った20代主婦の女性が帰りがけにデジカメを見ていました。写真を受け取って帰り際にちょっと見ているだけだから「どうせ、断られるだろう」と思いながらも、一応声をかけるとお客様の反応は「昨日デジカメを買ったばかりなので大丈夫です」とやっぱり断られるのです。

「何かあったら声をかけてくださいね」と、お客様から距離を置いて離れようと思ったときのことです。ふと、お客様に対して興味を持ちました。

（なぜ、この人はデジカメを買ったばかりなのにデジカメを見ているのだろう？）

お客様に嫌われないように接客をするなら、よけいなことを聞かずにそのままやり過ごすだけでよかったのですが、お客様に嫌われるかなと思いながらも、勇気をもってあえて疑問に感じたことをお客様に聞いてみました。

「失礼ですが、買ったばかりのカメラがあるのに、なぜデジカメを見ていらっしゃるのですか？」

私にとって、本当に勇気のいる質問でした。

すると、お客様は言いづらそうに「実は、このお店じゃなくて申し訳ないのですが某大手家電量販店で、接客を受けてデジカメを昨日買ったばかりなんですよ。でも、あれもいい、これもいいばかりで、結局何がいいのかさっぱりわからず、結局デザインだけで選んでしまったのです。子どもを上手に撮りたくて買ったのですが、本当に自分が買ったカメラでよかったのか少し後悔していたところだったのです。私の買ったこのカメラってどう思いますか？」と、女性の本音がこぼれました。

私が、お客様の一言に興味を持って一歩前に踏み込んだことで、重要な話を聞き出せたのです。

冷静に考えれば、昨日デジカメを購入したばかりのお客様です。このお客様と関わってデジカメをご紹介したところで、買っていただける確率なんてゼロに近いことはわかっていました。

嫌われないように接客するなら、よけいなことを言わずに適当に「いいカメラですよ」と受け流せばそれまでだったのですが、そのときの私にスイッチが入ってしまいました。お客様の不安そうな顔を見ていたら、熱い気持ちが込み上げてきたのです。

私の気持ちは完全にお客様に入り込み、お子さんの年齢や性別、性格や撮るシチュエーションなどを一所懸命聞き出していました。

毎日カメラをいじり倒している中で見つけた、心底惚れ込んでいるお客様にピッタリの、お子様を撮るのに一押しのデジカメがあったので我慢することができず、「お聞かせいただいたお客様の状況でお子様の成長の記録を残すなら、僕だったら絶対にこのカメラをお奨めしますよ！　なぜなら、中間色がキレイに出るコーティングがレンズに施されているので（自分が撮った子どもの見本写真を見せながら）お子さんの肌色がきれいに撮れます！」

さらに、「お子さんを撮るときに、どうしてもタイムラグといってワンテンポ遅れてシャッターが切れるから、タイミングが合わないことが多いんですよね。僕のお奨めのデジカメなら、お子さんの一瞬のかわいい表情も絶対に逃しませんよ！」と教えてあげて、その場で体感をしてもらい、試し撮りしたものをプリントして、昨日買ったデジカメとの画質の違いを生で味わっていただきました。

お客様は、すでに他でカメラを買ってしまっているからと言って、お客様に適当に合わせて「お客様が買われたカメラはすばらしい」とは、お世辞にも言えなかったのです。

「私はカメラを買っていただいて終わりなんて、一切考えていません！　カメラを買っていただいてからが本当のお付き合いだと思っています。その証拠に、サトーカメラでカメラを買うと9大特典までついてくるんですよ！」

そのときの私は、今までに感じたことがないような感覚になるくらいお客様と関わって接客をしていることを、自分自身肌で感じました。

お客様は、「やっぱり、デジカメはサトカメさんで買えばよかったなぁ～……デジカメ選びって、やっぱりきれいな想い出を残すためには大切だったんですね。店員さんイチオシのカメラが欲しくなっちゃいました～。私の買ったカメラ、まだ返品できるかな？」

私は、言いました。「それならこのように言ってみてください。サトーカメラでデジカメを買うと、想い出をきれいに一生残せるように最後まで使い方や撮り方のアドバイスまでしてくれるし、特典もたくさんつくので子どもや家族のことを考えたら、どうしてもサトーカメラで買い直したい……。あなたの店では、きちんとカメラの撮り方、使い方までこの先ずっと面倒を見てくれますか？」って。

お客様は「わかりました、じゃあ、ちょっと買ったお店に言うだけ行ってきます！」

1時間後……。

お客様は「家電量販店では、『そういった個別サービスは行なっていないので、そう言われても困ります！』って言われました。デジカメを返品させてもらったと言うより、あわてて『引き取らせていただきます』って感じでした！　本当によかったです！　竹原さんのお奨めのデジカメをください！」と戻ってくださいました。

今でも、そのお客様とはお付き合いさせていただいており、カメラの相談やプリントをたくさん出していただいています。

その道のプロだからできるアドバイスが欲しい

この出来事が、本当の意味でお客様と関わることの意味を肌で感じた瞬間となり、私に大きな化学変化を起こす気づきとなりました。

たとえばですが、もしお客様の希望の予算や気になっている商品があったとしたら、もちろんお客様の話はすべて聞いて受容してあげるべきです。しかしそのことと、お客様の希望の予算や商品の中でうまくまとめてあげることがよい接客かどうかはまったく違うものであり、それらは何度もお話しているように、お客様から嫌われないように接客をしているだけだと私は考えるのです。

そういった、嫌われないような接客をする販売員を見ていると、お客様がもし、購入後にこの商品が気にいらないと言われたら、「お客様の予算に合わせたのだから仕方がない」とか「お客様が自分で気になっていた商品じゃないですか」と、お客様のせいにするような接客をしているようにも感じてられてしまうのです。そういったスタンスでのお客様との関わり方では、お客様からは永遠に好かれることはありません。

お客様の趣味嗜好、どんな用途で使用したいのかをヒアリングしてお客様にぴったりな商品があるならば、お客様の予算を大きく上回るような商品だったり、気になっている商品外のものであったとしても、きちんと提案をしてご購入いただけるような接客力のある販売員こそが、本当のプロの販売員なのだと私は思います。それがお客様から好かれる販売員であり、強烈な印象に残る接客といえるのです。

●お客様が聞きたいのは販売員の本音

私がいた店舗に後任として赴任した店長たちからよく言われることがあります。それは、「竹原さんには、いつもお世話になったんだ」というお客様の声の多さに驚いたという話です。たいへんありがたくてうれしい話なのですが、私が一番うれしいのは、私から「買った」ではなく、「お世話になった」というお客様の声の多さです。「お世話になった」という表現は、お客様に好かれるように深く関わって接客をしてきた証、と私は捉えているのです。

みなさんも、お客様に嫌われないように接することを今日からやめましょう。私の言う、お客様から好かれるように接客をしなくては、お客様に対して失礼だと捉えるべきです。説得力を磨きたいと思うなら、まずは相手の話を真剣に一言一句聞き取る姿勢で接することです。

そのプロセスの中でお客様に対して、「よけいなお世話かもしれませんが、プロとしてこれだけは言わせて」という感情が芽生え始めたら、それを言葉にして発すればいいのです。お客様が本当に知りたいのは、私たち販売員の本音の声なのですから。

Summary

さしさわりのない接客ではなく、プロの本音のアドバイスをすることが大事

Section 4-6

値段の高い商品から奨めなければお客様に失礼

お客様が来店されて商品をご紹介するときに、売れる販売員と売れない販売員の大きな違いのひとつに、値段の高い商品から奨めるか、安い商品から奨めるかの違いがあります。

売れる販売員は、お客様の懐事情を勝手に想像したりイメージで決めつけたりはせず、「このお客様は、高い商品は絶対に買わないだろう」といった勝手な思い込みがありません。だから、値段の高いよいものから必ずお奨めすることを接客の習慣にできるのです。逆に、売れない販売員は値段の高い商品から奨めてしまうとお客様が驚いてしまったり、話を聞いてくれなくなってしまうのではないかという恐怖感を持っているため、販売員自身の勝手な基準でお客様が驚かないと思う価格帯のものから商品をご紹介してしまうのです。はっきり言いますが、いくら売れる販売員でも、安い商品を紹介してから高い商品にシフトしていくのは至難の業です私の接客スタイルは、お客様の使用用途をヒアリングした上で「なるほど！　それではよい商品からご紹介しますね」からが接客のスタートです。なぜ、高い商品から奨めるのかというと、それには理由があります。

値段の高い商品は、お客様の気持ちを高揚させる魅力を持っているということです。価格が高い商品ということは、それだけ価値も高い商品ですから、よいものを見たり触ったりすると、お客様は必然的にテンションが上がり気持ちもエキサイトします。

たとえば、家電量販店にリビング用として32インチくらいのテレビを買いに出かけたとします。買うかどうかは別として、販売員さんが「まずは、よいものからご紹介させてください」と50インチ、60インチの大画面で迫力がある最新機能が搭載されたテレビから見せられたら、「最新のテレビはすごいなー」と気分は上がるでしょうか、下がるでしょうか？　当然上がります！　その後に、32インチを紹介されたら急に物足りなくなって予算オーバーだけど、よいものを買おうという気持ちが起こるかもしれません。これがお客様の心理です。

●価格の高い商品はやっぱりイイ！

お客様のために、「紹介をして見て触っていただくだけなら、お客様からすればタダなのです」という思考が、売れる販売員の特徴です。売れない販売員は、お客様が希望する32インチの中で、さらにその中でも価格の安い商品を紹介してあげることが、お客様の喜ぶことなのだと思っています。それは、販売量の少なさと接客経験の未熟さから出てくる発想で、販売の王道から外れた思考そのものです。

高い商品から奨めるときのポイントは、価格の話を一切せずにスタートするということです。価格から話してしまうと、お客様は理想の世界から一気に現実の世界に引き戻されてしまいます。お客様に夢を見せるのが、われわれ販売員の仕事なのです。

たとえば、デジタル一眼レフカメラの場合、そのお客様が初心者の一般のファミリー客であったとしても、グレードが高価なタイプからお奨めします。

そして、お客様の使用用途に応じて、交換レンズもはじめから2本3本、平気でご紹介します。

途中でお客様が、「このレンズ面白いですね！　いくらするのですか？」と聞かれても、「お値段はあとできちんとご紹介しますね！　それよりも、もっとこの商品のすごいところが……」と、最後の最後まで価格は教えません。私から言わせれば、価格分の価値をきちんと知っていただくためには、店のプライスははっきり言って邪魔になるのです。十分に実機を触って体感してもらって価値をわかっていただいて、はじめて値段を教えるのが竹原流です。

よいものを見て触って体感をしたお客様は、自分の中での価値基準が当然上がります。すると、なかなかその中で下のモデルにランクを落とすとか交換レンズを絞るという発想ができなくなるものです。

だって、よいものを最初に味わっているわけですから。それも長く使うことを考えたら、最終的にお客様のためでもあるのです。

なぜ、私たちプロだけよいカメラを使って交換レンズをたくさんそろえて楽しんでいるのに、初心者だからという理由で、その醍醐味を最初にお客様に教えないのか？　という話です。自分の技術や知識は向上しても、商品は使用する人間に応じてレベルアップはしてくれません。

その証拠に、新人の頃は初めての一眼レフだからと、お求めやすい価格帯の入門機をお客様のためにお奨めしていたつもりが、ご購入いただいた後に「もっとよいカメラや交換レンズがあるんだったら、はじめから教えてほしかった！」とお客様から怒られることがあったほどです。価格の高い価値のある商品からお奨めをして間違いないのです。

お客様には当然予算がありますが、予算ははっきり言って、あってないものだと思うべきです。

なぜなら、接客をする販売員がお客様の予算を決めていると言っても過言ではないと私は自分の経験で知っているからです。想定していた予算の2倍3倍になったお客様は、「う～ん」ともちろん悩みます。

そこで私は言うのです。「たしかに、ただのカメラと交換レンズを買うのだと考えたら、高い買い物に感じますよね。でも、お客様が買おうとしているのは、カメラや交換レンズではないのです。これから買われるのは、かけがえのない想い出なのですよ」と（みなさんの商売なら、どのように伝えるかも考えてみてください）。

“とりあえず”の間に合わせの買い物はしてほしくない

そういった話をすると、お客様が当初のカメラを購入しようと考えた本当の原点を再度考えていただくきっかけになります。

お客様は、「たしかに、子どもの写真をきれいに残してあげたいんだよね」とか「そうなんだよなー、山に登って自分が見た美しい風景をそのまままきれいに写真に残したいんだよね」とか、自分に対して本音の言い訳を口にしはじめるのです。

自分がイメージしていた商品よりも、何倍も高い買い物をされたお客様は購入後に必ず、「竹原さん、あのカメラ買ってよかった！　すごく写真がきれいに撮れて満足しています」と、たいへん喜ばれます。そりゃあそうです、値段が高くて長く使えるよいカメラを買っているわけですから、私から言わせれば当然です。

買い物というものは、お客様にとって楽しくてエキサイトするものでなくてはなりません。お客様にとっての楽しくてエキサイトする理由とは、想定内の予算内に収めた買い物をすることではなく、商品を買ったことによってワクワクするような楽しい未来が見えることと、自分がイメージしていた想定を大きく上回る、買った後の満足感なのだと思います。だから私は、今日も値段の高い商品からお奨めしています。

Summary

高価で高品質な商品から紹介することが販売の王道。価格を言うのは価値を知らせてから

Section 4-7

雑談話と雑談接客は違う

私は、お客様との雑談話が大好きです。わが社のアソシエイトたちは、私のことを雑談接客王と呼びます。私の言う雑談接客とは、お客様と商売に直接関係のないちょっとした会話で盛り上がり、お客様との距離を縮めて仲よくなる接客のことを言います。

雑談接客は、自分の知らなかった情報の宝庫です。友人と話すように笑わせてもらって元気をもらえたり、異業種の仕事の話を聞かせてもらって学ばせてもらったり、旅行先の土産話を聞かせてもらったりと、自分の視野が広がり得する情報ばかりです。

もちろん、お客様は遊びでお買い物を楽しむためにご来店をされているわけですが、われわれ販売員は接客が本業です。雑談話をきっかけに、雑談接客へとお客様を導き商売につなげる発想を持たなければ、ただの時間泥棒、給料泥棒になってしまいます。

私は新人時代、お客様との雑談話の時間が長すぎて、雑談接客途中に店長から「いつまでしゃべっているんだ」と、何度も注意が入るほどでした。その頃の私は、接客をしているつもりになっていたので、なぜ店長から注意されるのかがわかりませんでした。私の言い分は、お客様のほうが盛り上がってしまい、話が止まらなくなってしまったのだから、お客様の話が終わらないと接客も終われないから仕方がないということでした。

しかし、いざ自分に後輩ができると考え方が徐々に変わってきました。自分と同じような後輩を見たときに、腹が立つことが、たびたび起こったのです。他にも商品を見ているお客様がいるのだから、そちらのお客様に早く接客についてほしいなとか、店が混んできたからそろそろお客様との話を終わらせてほしいという思いから、はじめて自分がまず変わらなければならないなという思いに駆られるようになったのです。

●雑談のテーマを店の商品へとつないでいく

その気持ちになってはじめて、接客の上手な店長や先輩販売員の雑談話と私の雑談話に大きな違いがあることに気がつきました。それは、私の場合は本当に雑談話であって、接客のうまい店長や先輩の雑談は〝雑談接客〟だったということです。どういうことかというと、私の場合はお客様と雑談で盛り上がって終わりだったのです。接客の上手な販売員は、雑談からきちんと商品ご案内へと話を発展させて、名前の通り、きちんと雑談接客にさせて最終的に販売へとお客様を導いていたのです。

たとえば、お客様が「今度、屋久島へ旅行に行くんだよ」という話になったとします。自分もうらやましい気持ちになって、いろいろと質問が出てお客様とも話が盛り上がります。何泊で行くのか？　誰と行くのか？　費用はどれくらいかかるものなのか？　ツアーで行くのか、個人で行くのか？　いろいろな話に華が咲き、お客様も楽しみな気持ちでいっぱいですから、商品と関係のないところで話は盛り上がるでしょう。そして、雑談話で終わらせていた頃の私なら、さんざんお客様と盛り上がったところで、「じゃあ、旅行気をつけて楽しんできてくださいねー！」と言って、お客様をお見送りして終わりです。しかし、接客の上手な売れる販売員は屋久島旅行のくだりから話が盛り上がったら、「そういえば、防塵防滴のデジカメは持っているのですか？」と商品に結びつけます。屋久島だと天候も変わりやすいと聞きますし、完全なアウトドアになりますから、通常のカメラではあまりにも危険ですよ！　これがそうなんです」と商品を持ち出します。お客様が「そんなのがあるの？」と興味を示したら接客スタートです。これが、本当の売れる雑談接客なのです。

それに気がついてから、私の雑談接客に対する考え方が大きく変わり、販売量も飛躍的に伸びました。それだけ商品と関係のない話で盛り上がったお客様だから、心の距離が当然縮まっているため、販売員が雑談から飛び出したキーワードを基に商品につなげて接客に導いてもお客様は嫌な顔をせず、喜んで話を聞いてくれるものなのです。

雑談話から販売に結びついた、こんな衝撃的なエピソードがありました。

●お客様に自分ができる最大限の提案をしてみる

平日の真っ昼間に、写真を趣味とする常連のお客様がご来店されました。

そのお客様は20代前半の男性です。まだ高校生の頃から、私の店に通ってくれていて、アルバイトをしたお金でカメラを買ってくれたり、プリントを焼いてくれたりなど、とても大切なお客様の1人でした。学校を卒業し、憧れだった東京の会社に就職が決まってからも、年に数回、帰省された際には必ず私の店に立ち寄ってくれて、カメラを買ってくれたりプリントを焼いてくれます。

そんなお客様が、平日の真昼間にご来店されたので、私は驚きました。「仕事はお休みなのですか？」と声をかけると、「実はうつ病になってしまって、会社からしばらくの間、休みをもらって帰省中なんです」という、重い答えが返ってきました。そこからしばらく立ち話になって会話を続けている間に、自分が帰省した理由を家族や友人に嘘をつきたくないから、ちゃんと「うつ病になった」とみんなに正直に話しているんです、と口にされました。

私は話をそらさず、「自分でうつ病と言えるなんてすごいじゃないですか！　逆にその強い意志を尊敬します」と返しました。

雑談の後、「しばらくは田舎でゆっくりしましょうよ。〇〇さん、尚仁沢って行ったことあります？」と、店から40分くらいの場所にある尚仁沢に話をふりました。

きれいな渓流があって、面白い形の木がたくさん生えていて、鳥のさえずりや、川の流れる音がとても癒される栃木版の屋久島といった感じのところです。それを説明して、私が撮った写真を見せたり、YOU TUBEの動画をスマホで見せながらどんな場所なのかを説明しました。「いい撮影スポットがたくさんあるんですよ！　家で閉じこもっていてはダメです。カメラを持ってハイキングしながら、写真を撮ってゆっくり充電したらいいですよ」と奨めると、「行きたいな」と少し笑顔になってくださいました。

そのお客様は、昔から使用されている一眼レフカメラを今もご使用だったので、「これなんて、持っていったらいいんじゃないですか？」と、笑顔で新しく発売になったばかりの一眼レフカメラを奨めるとすっかり気に入って、最後には「これを新しい相棒にします」と購入をしてくれました。

その後、毎週、毎日のようにそのカメラで撮影した写真をプリントしに店に来てくださり、表情も会うたびにイキイキとしていきました。

完全に元の状態に元気になられて、再び仕事へと復帰されることも決まり、店に挨拶に来られた際、「竹原さんに紹介されたカメラのおかげで元気になって、実は彼女までできちゃいました」と言われれたときは衝撃でした。
雑談話から、商品に話を振り、雑談接客からカメラを決めていただいたときに言われた「このカメラを新しい相棒にします」という言葉を、私は永遠に忘れないと思います。

Summary

ただの雑談から相手との距離を縮め、雑談接客に発展させていく

Section 4-8

売る商品を否定する前に売り方をまず変えてみる

サトーカメラの販売するデジカメの中でも、とくに販売の重点推奨商品は、私たちが自信をもってお奨めする商品です。たしかな機能を備え、コストパフォーマンスに優れ、マイナーブランドでも価値の高い商品を調べ抜き、私たちは重点推奨商品をシーズンごとに決めて1点集中で販売しています。

あるとき、そうした視点で、10メートル防水・1・5メートルの高さからの落下でも壊れない、まさにきれいに撮れて、丈夫で長持ちするデジカメを重点推奨商品として私たちは位置づけました。

裏の裏まで調べ抜いても、本当によいカメラです。きれいに撮れて頑丈でショックに強く、落としても水没させても壊れない。見た目はアウトドア仕様でとてもかっこいいのですが、唯一の欠点は防水・落下対応のため、とにかくゴツイ！

ですから、重点推奨商品として実際に販売をスタートすると、アウトドアやスポーツを趣味とするお客様からはとても受けがよかったのですが、私たちのメインターゲット層でもあるファミリー層からは、まったく受け入れられませんでした。

「壊れないのはいいけど、妻が持つには大きい」とか、「別にダイビングするわけじゃないから、もっと軽くてかわいいデザインのカメラがいい」とお客様からは断られます。

さんざん断られまくって、私も心底参ってしまいました。

きれいに撮れて、なおかつ丈夫で長持ちするカメラ。「こんなに機能性が優れているのだからこれは売れる」と意気込んで大量に仕入れてしまったが、やはり中身の機能を重視するよりは、今風のスタイリッシュで中身よりもデザイン重視のカメラに重点推奨商品を変えたほうがいいのでは？　と他店の販売員たちもお手上げの状態です。私も、さすがに迷いが出始めていました。

●さまざまな切り口から、お客様の使用用途を創造する

そんなあるとき、お子様連れのママさんがデジカメコーナーでお子様を叱りつけている光景を私は目撃します。どうやら、店に並べられたデジカメを触りたくて仕方がないお子様と、店の売り物だから何かあってはたいへんだと心配したママさんがお子様に触らせないようにしているようでした。私は、親子に笑顔で挨拶をした後、こう話しかけました。

「僕、このカメラなら遊んでも大丈夫だよー」と、私たちが推奨するカメラを差し出したのです。ママさんも最初は心配をしていましたが、「落としても壊れないカメラですから大丈夫ですよ」と説明をすると「えー！　すごーい、そんなカメラがあるんですねー」と、とても驚いていました。そのママさんと雑談をしている最中、お子様はカメラにもう興味津々！　写真を撮ったりしながら楽しそうに遊ぶお子様を見て、ママさんは私にこうおっしゃいました。

「もうねー、家でもデジカメを使わせて、使わせてってうるさいのよー。でも、このカメラなら安心して使わせておけるねー」と。

私はその一言に、お子様のいるご家庭のライフスタイルを知り「はっ！」としました。この目の前の光景は、お子さんのいるご家庭ならどこにでも起こっていることだろうと私は感じたからです。普段は壊されてしまってはまずいと、触らせてもらえないデジカメに触れられて大喜びのお子様、それを見て私は黙っていられず、思わずママさんにこう言いました。

「やっぱり、お子さんはどこの家庭でもカメラが好きなものです、お子さんが興味を持っていることを大人が取り上げちゃ可愛そうじゃないですかー！　お子さんと一緒にこのデジカメをママさんも使いましょうよー♪」と。

ママさんは、「たしかにそうだけど、子供用のおもちゃのカメラでも使わせるわー」と笑顔で断られてしまいました。そんな私とママさんのやり取りをいつの間にか撮影していたお子様が「ママ見て見てー」と撮ってくれた画像を私たちに見せてくれました。子どもの視点から撮ったママの笑顔の写真がそこには映っていました。「えーっ！　上手に撮れたねー」と、ママさんがお子さんに声をかけるとお子様もママさんもニコニコになって液晶に映る画像を見て親子で大喜びです。せっかくお子さんが撮影してくれた画像だからと、私はその場でプリントをして親子にプレゼントをしてあげることにしました。

するとママさんが何やらお子様に「このカメラ欲しい？」と聞いているではありませんか。お子さんはもちろん元気よく「うん！」とうなずいています。ママさんは私にこう言いました。

「子どもに写真を撮ってもらうのって、こんなにうれしいんだねー。私、この写真すごく気に入っちゃった！　このデジカメなら安心して子供に持たせられるし、今使っているカメラもちょうど古くなってきたところだったから買いまーす！」とおっしゃったのです。私は、本当に胸が熱くなりました。

それは「重点推奨商品を1台でも多く販売したい。そのためにも重点推奨商品を通じてお客様にもっと感動するようなすばらしい体験をしていただきたい」という明確な想いがこみ上げてきたからです。

そして、カタログに載っているような機能性価値をいくらお客様に訴求したところで、お客様は何もエキサイトしないし感動もしないことを学んだのです。それよりも、その機能価値がお客様のライフスタイルにどう生かされて、どう楽しくなるのか、そこがお客様の一番知りたいところであり、購入後のワクワクするようなイメージを共有していただくことができる商品は売れることを知りました。売れない理由は、アウトドアをやらないお客様だから防水機能は要らないことやデザインがゴツイことではなかったのです。

私は、その商品が持つ機能性訴求から機能性を通じたイメージ訴求型に、接客もＰＯＰもシフトしていきました。

●楽しむことの天才から学ぶ

たとえば、「お子さんやお孫さんにも写真を撮らせてあげてください。感受性が豊かな子に育ちます」「お子さんの情操教育に、カメラは最高ですよ！」「お子さんに、カメラを１日持たせてあげてください！　お子さんがどんなものに興味があるのかがよくわかります♪それを見て、お子さんがこんなものに興味があるんだって気づくし、それを見てキュンってて愛おしい気持ちが増しますよ♥」「仕事が忙しくて、お子さんと遊んであげられていないなーって感じたら、このデジカメでお風呂の中でいっぱい遊びながら写真を撮ったり動画を撮ってあげてください！　それだけで十分、お子さんは大はしゃぎで喜んでくれるし、そんな楽しんでいる表情も、防水だからたくさん想い出として残せますよ！

「お子さんにカメラを向けられると、パパもママもおじいちゃんもおばあちゃんも、み～んな笑顔になるから不思議。実は、お子様が世界で一番大人を笑顔にさせる名カメラマンなのです」といった感じのセールストークやＰＯＰの内容です。

私は、このカメラをお子さんやお孫さんのいるお客様にもターゲット層を広げ、販売する商品は変えずに売り方をどんどん変えていくことで、この商品を日本一販売することとなり、メーカーさんから表彰をいただくまでになりました。まさか、このアウトドア仕様のデジカメがファミリー層でバカ売れするとは当初は予測もしていませんでした。けれどもターゲット層をあえて絞らず、当初の想定外の層に販売をしようと知恵を働かせ考える癖を身につけていくことが、圧倒的に売る竹原流バカ売れ販売のスタートなのです。

●お客様の共感をいただく頻度を上げることが接客の押しだ

私の店で実際にあった終礼ミーティングでの出来事です。

入社3年目の販売員A君は、個人の売上げが伸びずに悩んでいました。1時間もかけて接客をしたお客様を、結局、クロージングに至らずに帰らせてしまった経緯もあり、私はA君に、「何が、お客様に買っていただけなかった最大の理由だと思う？」と質問をすると、A君はお客様に対して「押しが弱かったことです」と答えました。

われわれ販売員同士の会話からは、お客様へのクロージングへ向けた「押しが強い」とか、「押しが弱い」という言葉が日常会話のようによく使われています。しかし、接客における「押し」の意味の本質を理解せずに、安易に売れた理由・売れない理由を「押し」が強いとか弱いなどの問題にすり変えてしまったのでは、お客様の「欲しい！」を引き出して販売し続けることはできません。

圧倒的に売る販売員は、すべてにおいていつでも意図的であり、お客様の購買心理を理解しているものです。

●販売員の売る気満々の態度が見えるとお客様の購買意欲は低下する

お客様が購入に至るように、セールストークを繰り広げて、お得さを謳ってクロージングへと猛烈にプッシュすることが「押し」だと一般的には思われているようですが、私はそれを販売の押しとは呼びません。単なる、お客様の「欲しい！」よりも自分の「売りたい！」を優先した、お客様無視の接客でしかないからです。

お客様は、売る気満々で押しの強い販売員は敬遠します。このことは、みなさんも店から一歩出たらお客様ですから、ご理解いただけると思います。

でも、本当の接客の押しの真意を理解しておかないと、あなたもいつの間にか「今なら30%引きで買えますよ！」「これもおまけでつけちゃいますから！」と、「値段！　今だけ限定！　おまけつき！」など、お得さを謳い文句にした押しの強いセールストークで「買って」「買って」とお客様に詰め寄ったりすることになります。

●お客様は自分に本当に必要な商品なのか、最後の最後まで見極めている

目の前のお客様が、本当にその商品のよさを理解できるところまで接客ができているでしょうか？

お客様自身が商品を購入した後、自身のライフスタイルにも影響を与えるワクワクするような、買った後のメリットをイメージさせてあげられていますか？　そこが一番の問題なのです。

お客様はどれだけその商品に魅力を感じたとしても、本当に自分にとってそれが必要な商品なのかどうか、接客の最後の最後まで見極めているものです。

竹原流のお客様への押しとは「今買ってください！」「割引します」「今ならおまけをつけます」とか、そういったセールストークでお客様に詰め寄ることではありません。

私の経験上、お客様にどんなに商品を紹介しても、「買ってください」「買ってください」と押しを強くしても、お客様が自分自身で本当に必要だと思わない限り、商品を買っていただけることはありません。

たとえば直近で、とくに家族旅行や運動会などのイベントがない家族連れのお客様に、「今日から、この一眼レフカメラをぜひ使いましょう！」と、いくら一所懸命奨めても、「今、すぐは必要ないんだよね」と断られてしまうことは多いものです。そういったお客様には、私は地域のイベントをまとめた手づくりのボードを活用することを、ご購入へ導くときの押しとして活用しています。

それはどんなものかというと、常にタウン誌やインターネットで情報を収集し、自店から気軽に行ける範囲の家族やカップルに人気のスポットの楽しさや面白さをＰＯＰと一緒に見本写真で貼り出したり、地域のイベント情報をＰＯＰと見本写真入りで、日付まで入れて見える化したボードのことです。

このボード（次ページ写真参照）があると、ファミリーのお客様には、「新しく〇〇のプールがオープンしたんですよー。知っていました？ ここ、ウォータースライダーが面白くてテレビでも取り上げられていましたよ！ お子さんを連れて遊びに行きましょうよ」などとご案内もできますし、またイベントボードを見たお客様が「ここに行ってみたかったんだよね、撮影には最高だね」と反応してくださることもあります。そこで、ご紹介しているカメラと人気スポットや地域のイベントとをつなげて写真を撮るきっかけを用意してあげるのです。

お客様が商品を買った後に使用する場所やシチュエーションを、店側が多く提案してあげることは、お客様に使用頻度が高い自分にとって必要なものだと思っていただけることにつながります。さらに、使用している自分の姿をより深くイメージしていただけることにもつながります。

実は、こういった提案がお客様への後押しとなり、クロージングになることが多いのです。

地域のイベントをボードで紹介。カメラを購入いただくきっかけとして活用する

「それいいね！」と、共感を何度も引き出す　ように導く接客が押しだと理解する

竹原流の押しとは、商品を通してお客様のライフスタイルが楽しいものとなり、お客様の口から「それ、いいね！」という言葉を何度も引き出すような提案をズバリすることです。そこに知恵を使うのです。さらにもうひとつは、お奨めしているカメラで撮った見本写真の活用です。メーカーが用意したものではリアル感がまったくないので、われわれ販売員が実際に撮った家族写真や風景写真、花の写真などを、常時２００枚以上用意しています。

お客様の用途や興味に合わせて、その中から10枚くらいを選び、「こんな風に撮影ができるんですよ」と現物の写真をお見せすると、「うわー、いいなー」とその商品の長所をきちんと理解していただけます。まさに説得力のあるツールです。

お客様も、こんな写真を撮ってみたいと憧れを持っていただけます。そういった自分のお気に入り写真を、月に一度は大きく引き伸ばして額に飾り、自分の写真が作品になる喜びを伝えるのです。きれいに撮れた家族や友達や恋人の写真をプレゼントしたら喜ばれますよと伝えて共感を誘うのです。

そういった接客での共感を生み出す積み重ねこそが、竹原流の本当の売れる押しとなり、お客様の「それいいね！」を何度も引き出し「欲しくなった！」と思っていただく原動力になるのです。

マイナー交換レンズで商圏を席巻！　市場シェア独占！　マーケット拡大の極意

8年前のある日、カメラ歴50年の常連さんが超広角レンズという特殊レンズで撮影した風景写真を見せてくれました。どの写真も、見事なまでに超広角レンズの奥行感を生かしています。うれしそうに、常連さんが熱く語る中、私はふと思いました。

超広角レンズは名前の通り、普通のレンズでは撮れない圧倒的な奥行感で肉眼に映る景色よりもダイナミックな迫力をもたらしてくれます。大手家電量販店でも自店でも、ショーケースの隅にひっそりと置いてある、世に知られていないマニア向けのレンズです。

しかし、私はその常連さんが特別な人だから楽しめているのではなく、「価値を伝えられれば、一部のマニアだけではなく、一般のお客様にとっても楽しめるレンズなのではないか？」とそのやり取りから考えていました。

お客様から学ぶ姿勢が常識外のアイデアを生む

このレンズを使えば、初心者でもプロのような奥行のある風景写真を撮ることができます。「このレンズは一部のハイアマチュアだけが楽しむものではなく、もしかしたら万人から支持される、大衆向けのレンズに育てられるのではないか？」

この気づきをもとに、仮説を立てていきました。

「売る」商品を決めたら、商圏内のデジタル一眼をすでに使っているお客様、これからスタートするお客様の全員がターゲットです。それが市場拡大につながることを、私は経験で知っています。外見や雰囲気だけで、「あのお客様は興味を持たないだろう」という偏見を持たずに「興味を持っていただこう」と、お客様と自ら関わっていくのです。

お客様の反応を、販売員自らが肌で感じ取ることが大切です。どういった用途が多いのか。男性なのか、女性なのか。ありとあらゆる年代別に、どういった接客の進め方をすれば、お客様にとってわかりやすくイメージが膨らませやすいのか、販売員自らが体感で分析し、「接客のどの部分でお客様の購買意欲を高められたのか？」「なぜ、あのお客様は興味を持たなかったのか？」と、常に仮説を立てて接客の中身を改善していくのです。

ある日、写真プリントを注文された一眼レフユーザーのファミリー客に、「面白いレンズがあるので、これだけ見て帰ってください」と超広角レンズを奨めてみました。すると、ファインダーを覗いた瞬間にパパもママも、「何これー!? すごーい！」と大絶賛。驚きと感動の笑顔で、自分の子どもに近寄って撮り始めました。

近々ディズニーランドに行くという話を聞き出すことができたので、「たとえば今、この場所がディズニーランドのアトラクションの乗り物内だとしますよね……」と、具体的にお客様のイメージが膨らむようにシチュエーションを具体的にして、次のように提案をしてみました。

●イメージを膨らませる手法は、2つ以上の事例を織り交ぜながらストーリー仕立てに

「お子様とアトラクションに乗ってすぐ隣にいるお子様やママを撮ろうとすると、普通のレンズではお子様の顔だけがアップになってしまい、一所懸命引いて撮ろうと努力しても、せっかくの背景はまったく入りませんよね。お子様も大きく写り、アトラクションの背景もたくさん入れれば、ディズニーランドで遊んだという楽しい状況がよりリアルになり、もっと楽しい想い出写真になると思いませんか？」と、具体的なイメージを伝えました。

さらに、家族全員を入れた自分撮りを体感していただきます。この超広角レンズなら、ママが腕を伸ばして自分撮りしても、家族全員を背景まで大きく入れてばっちり撮ることができると紹介するのです。「これなら、三脚を使ってセルフタイマーも使わず、他人にお願いすることもなく、気兼ねなく家族全員の想い出撮り放題ですよ」と。

すると、「パパ、これ欲しい！」とママが一言。一般的に、財布のヒモが固いママが、6万円もする高額商品を衝動的に「欲しい！」と言うのです。

お客様は、価値がわかれば買っていただけると確信した瞬間でした。そして、「このレンズを一部のハイアマチュア向けと勝手に位置づけていたのは、われわれの業界だったのだ」

と気づかされました。

ここに、大きなマーケットが眠っていると感じました。また同時に、交換レンズをそろえることが撮影の幅を広げて感動を高めるということをお客様に伝えるのが、カメラ写真専門店販売員としての使命だと感じた瞬間でもありました。

●徹底的に調べて自分なりの仮説を立てる

早速、超広角レンズを含む交換レンズの国内出荷本数を調べてみると、年間約120万本でした。当店の商圏人口は10万人なので、「10万人÷日本国総人口1億2600万人＝約0・08％」これがマーケット高です。

ここから、当店の10万人商

超広角レンズなら、自分撮りでもこんなに景色が入る！

圏では「120万本×0・08％＝年間約960本」の交換レンズが売れていると算出できます。これは月間なら80本、週間なら20本の交換レンズが商圏では売れていることがわかりました。当店の1日の平均客数は150人です。毎日の接客の中から、その3割にあたる約45人が一眼レフカメラを使用していると目測を立て、「このうちの8割のお客様は標準レンズと望遠レンズしか持っていないのでは？」と自分なりの仮説を立て、この45人のお客様に、徹底して交換レンズで撮る楽しさを広めようと決心したのです。

「よし！　目標は交換レンズ年間960本！　月間80本！　週間20本！　ライバル店が力を入れていない、業界が脇役的な存在にしてしまった交換レンズという商品で市場を完全独占して、交換レンズと言ったらサトーカメラ宇都宮本店だと思っていただけるようにするぞ！」と決意を固めたのです。

やったことがないお客様にやってもらうことが新たなマーケットを創る

交換レンズのような耐久品は生活必需品ではないため、黙っていたのでは売れません。

そこで、まずは超広角レンズを売ろうと、1人1人のお客様に店内で紹介していきました。

お客様は、交換レンズのことなど何も考えていませんから、接客の入り方はこんな感じです。

「風景写真を撮っているのですね！　面白いレンズがあるので、これだけ見て帰ってください」。こう言って、レンズを体感していただきながら、お客様の撮る用途に合わせた撮り方を提案します。

最初は半信半疑のお客様でも。レンズをつけてファインダーをのぞくと、「何これ!?　こんなの見たことない！」「面白い！」「うわー！　テンション上がるね」と、みなさん同じ反応です。

提案方法は、販売中でもすぐに軌道修正します。見本写真が足りないと思えば、自前の超広角レンズで家族や風景や旅行の写真を撮って、お客様からも見本写真をいただき、社員にも見本写真を撮ってもらい、２００枚以上は用意しました。

さらに、いまひとつ面白さが伝わっていないような顔をされているお客様は、店外へと誘います。店外に出て、お客様に立っていただく位置、体感していただくスポットまで決めて、お客様のリアクションを見ながら変えていきました。体感いただく場所は、何も店内だけというルールはないのです。

●「売る」は広く、深く、早く。質よりもまずは量！

仮説を立て、「これだ！」と見つけ出した商品を世の中で認めさせたい気持ちを「広く！」

「深く！」「早く！」と表現するならば、「広く」はターゲットを一切絞らずに、ありとあらゆる客層へ販売することです。「深く」は、あらゆる年代・性別から見え隠れするお客様のライフスタイルから使用用途までを想像し、「いかにお客様の立場に自分を置き換え、深くイメージをさせる提案ができるか」、そして商品の裏の裏まで調べ、理論的にもお客様に納得いただける商品価値を伝えることです。また、「早く」は常に目標に対し「いつまでに」の期限を決めて、必ず達成することにとことんこだわることです。

広くは「売上げ」であり、深くは「利益」であり、早くが「在庫回転率」だと私は捉えています。

そして、徹底的に量をこなすこと。量をこなさない販売員に質は問うことはできません。ここでいう質とは、接客の中身と実際に残る粗利益のことです。

●商品が売れる接客の本質は、モノ真似のテクニック論ではない！

売っている人ほど、人並み以上に断られています。断られて当たり前であり、それ以上に、こういった楽しみ方があることを、１人でも多くのお客様に知っていただきたいという気持ちが根底にあります。だから、その場で購入に至らなかったケースでも、後にお客様が私の話を思い出して戻り客となることが多々あるのです。

成功事例は、どんどん店の販売員同士で共有化し、自ら吸収すればいいのです。ただ、その成功事例の本質を知らずに、安易にセールストークを真似るだけの人は永遠に伸びません。結局、「言われたとおりにやったのにうまくいかなかった」と、すぐまた違う成功事例を探そうとします。

自分自身で「これか！」と腹に落ちるまで、繰り返しの接客の中で会得しなければ一度や二度うまくいったとしても、すぐに売れない自分に戻ってしまいます。

接客に決め台詞なんてありません。接客はライブです。その場、その瞬間で、言い回しも、感情表現も変わって当然なのです。お客様を「楽しませたい」「ワクワクさせたい」「一所懸命伝えたい」という溢れる感情表現は、必ず相手に伝わるものです。

「売る」と決めた商品は他の3倍以上目立たせる！

こうやって私は、すべてのお客様から学ばせていただくスタンスの中で、超広角レンズ以外で見落としていた、背景をキレイにボカせる「単焦点レンズ」、標準レンズと望遠レンズを取り換えなしで一本にまとめた「高倍率ズームレンズ」の3本を、世の中に広める「売る」商品として絞り込みました。

そして、一眼レフコーナーのショーケース内では、その3本の交換レンズの陳列スペースを他商品の3倍以上とり、POPや飾りつけも織り交ぜ、一目で注意を惹くように目立たせました。ネット販売と違ってとにかく商品に直接触れて質感を確かめたり、重さを感じたり、実写できたりと体感できるのがリアル店舗の強みであり、醍醐味なのです。

このような営業努力が実を結び、当初の目標であった昨年対比200％増にあたる交換レンズ月間目標80本の目標を大きく上回り、月間150本、200本、250本と飛躍的に数量を伸ばし、現在進行形で市場シェアを完全にぶっちぎりで独占しています。

●メーカーに頼らず、販売員の手によってマーケットを拡大させる

驚いたのは、一般のお客様から「超交換レンズを見せてほしいんだよね」というお問い合わせが劇的に増えたことです。お話を聞くと、友達や知り合いの方も当店で購入いただいており、ありがたいことにお客様が広告塔になってくださっているのです。

たった一つの事例から、そこに大きなマーケットが眠っているのではないかと仮説を立て、徹底してお客様を知ろうと日々努力する。その繰り返しが、店全体、会社全体の売上げ、粗利のシェアを大きく占める一大主力商品へと変貌させることができるのだということを、身をもって体感しました。

そして、このバカ売れを創り出した手法は、交換レンズに限った話ではないということで

す。すべての商品、アイテムも同様で、これとこれは別問題と区別して考えてはいけないのです。

あなたのお店にも、必ずバカ売れにつながる商品は存在する

メーカーに頼らず、毎日の接客の中でわれわれ販売員が、常に仮説を立てながらそれを見つけ出し、販売員の手によって市場を創造してマーケットを拡大させ、自社における「主力一番商品」になり得る商品をすべてのお客様から学び、育て上げることが大切なのです。

私は、そういったお客様から学ぶという姿勢から、その後も数々の各アイテム商品ごとの販売日本一記録を樹立し続けています。

そして、その異常値に驚き、大手メーカーの社長が国内や海外からも視察に来たり、商品開発のアドバイスや講演依頼をいただいたりするまでに日々成長しています。

売る力を身につけると、われわれのような中小企業でもメーカーを大きく動かす存在になれることを肌で感じています。

これからの時代の販売員に求められることは、商品に詳しいということは当然であり、それよりも接客を通して誰よりもお客様のことを知っていることであると確信しています。そういった販売員が多くいる店が、ネット販売や大手量販店における価格競争に巻き込まれず

に独自路線を貫き、新たなマーケットを創造し続けることで、繁盛店を創り出していけるのだと考えています。

Summary

既成概念にしばられずに仮説を立てて実践し、新しい市場を創造するのがプロ販売員

Chapter
5

5章

竹原流
圧倒的ファン・リピーター
獲得力アップのルール

Section 5-1

お客様との次回来店の約束、3つのルール

その場で商品を買っていただくことができず、接客をしたお客様が戻ってきてくれない。あのお客様はきっと帰ってくると思っていたのに……見込みがありそうだったお客様すら戻ってきてくれない。私は売れない販売員時代、そのようなことで心底悩んでいました。

そんなある日の休日、ウインドーショッピングをしていると、たまたま旧友と何年かぶりに偶然再会し、その場で立ち話になりました。

とても仲のよかった友人だったので昔話に華が咲き、しばらくその場で話し込んだ後、「じゃあ、今度飲みにでも行こうよ」と私が声をかけ、「またね」と立ち去ろうとする流れの中で、旧友が笑顔で私に言いました。

「お前、相変わらず失礼な奴だな〜、今度っていつだよ（笑）」

私も自分から誘っておいて「たしかに！」と気づき、「じゃあ、予定を決めようか」とその場でお互いに手帳を開いてスケジュールを確認し、その場で飲みに行く日取りと時間まで

決めました。

私は、自分の携帯の番号を変えていたことにも気づき、新しい連絡先も無事交換することができました。

その場限りのやり取りは、とても失礼だと気づいた

その帰り道に、私はふと旧友との会話のやり取りを思い返しながら気がつくのです。

旧友が「今度っていつだよ」と衝撃的な突っ込みを入れてくれたおかげで、私たちは飲みに行く約束が具体的な形となり日程と時間まで決まりました。

まさにこれが約束です。

しかし、私が仕事上今まで行なっていたお客様との約束のやりとりには、まったく具体性やルールがなかったことに気がついたのです。

たとえば、接客でカメラのご紹介をさせていただいたお客様に対して、お客様が「今日は決められないから、少し考えてくる」と言われた場合、「わかりました！　ぜひ検討してくださいね！　近いうち、また待っていますから！」と、お客様主体の具体性のない約束をしては、お客様にフラレ続けていたのです。

接客をしたお客様が、さっぱり帰ってこない原因……。

それは、お客様が帰ってきてくれたらラッキーという、行き当たりばったりの約束の中身に問題があったのではないか、と私は仮説を立てました。

接客をしたお客様が商品を買わずに、「よく考えて、また今度来るよ！」と言われた場合、お客様に対して次回ご来店いただける日取りを確認するというアクションは、お客様に対して失礼になるのではないかという勝手な思い込みがありました。

しかし逆を言えば、接客をした販売員本人が店に不在のときにお客様がそれを知らずご来店されたときのほうが、もっとお客様に対して失礼になるのではないでしょうか？　お客様からすれば名前も聞かれず、ただの冷やかしだと思われたと考えることもあるかもしれません。そう考えたときに、今のままではいけないと思ったのです。

●アプローチ①　スケジュールを聞きだしてみよう

ある年のゴールデンウィークに、義母の37年間勤め上げた会社の退職祝いを、親戚・従妹勢ぞろいで開きました。

親族の子どもたちも一堂に大集合で、たいへん賑やかな会になりました。その子どもたちを見ながら、私は思い出したことがありました。それは、サトーカメラフォトスタジオの店長から、スタジオ撮影をするお客様を3組集めるよう頼まれていたことです。内容はゴールデンウィーク期間中だけ、キッズ限定のスタジオフォト撮影基本代金と大伸ばしプリント代込みで4980円。さらに、ふだん貸し出している衣装のドレスは、着用したものをそのままプレゼントするという、とても太っ腹なキャンペーンです。

私は、子どもたちの両親である親戚・従妹たちにも以前、サトーカメラフォトスタジオを利用してもらって、商品のよさもわかってもらっている経緯もあったので、もちろん誘いました。

すると、一同に料金的にも話に興味は持ってもらえたのですが、「特別、七五三でもないしなぁ」とか「考えておくよ」と曖昧な返答が返ってきました。私は一歩踏み込んで、「何かの記念日じゃなくても、たった4980円で後々にもいい記念になるのだから」と説得をすると、皆口々に「後で連絡するよ」と言います。

私は、自分の店でのお客様とのやり取りを思い出し、このままだと、この場限りのやり取りで終わってしまうと感じ、「いつなら予定は大丈夫なの?」と、その場でスケジュールを確認してもらうと、「今度の水曜なら午前中空いているわ」と、手帳を見ながら言われました。

私は、すぐにスタジオのスケジュールを確認し、予約を入れてもらうことができました。

自分のいる日を伝えるとお客様は安心する

従妹は「逆に、賢治はいつならいるの？　どうせ行くならなら、賢治がいる日に行くよ」と言われたので、自分の手帳とスタジオのスケジュールを確認し、「それじゃあ、今度の火曜の午後1時はどう？」と、具体的な時間を指定すると、意外にも「あぁ、その日なら大丈夫だわ」という返答が返ってきました。結局そのとき、私がスケジューリングを具体的にしたことで、3組の撮影の予約がトントン拍子に決まってしまいました。

このとき私は、この出来事を、親族だから成功した事例なのではなく、具体的に日取りと時間まで決めて約束を進めたことが成功理由だと仮説を立て、お客様との約束のやり取りにもこの手法は応用できるのではないかと考えていました。

アプローチ②　名前と電話番号が聞けたらお付き合いの始まり

お客様との約束をより具体的にしようと考えて行動をすることで、自分の中での3つのルールが生まれました。

ひとつは自分の手帳を開いて、ペンを持ち「次回のご来店はいつ頃できそうですか？」と、ご来店可能な曜日や時間帯をお客様にお聞きする仕掛けです。もし、お客様が日取りを決めかねているようあれば、お客様の仕事が終わる時間帯や、休みの曜日をお伺いした上で、自分のスケジュールと照らし合わせ、「それでは、今度の水曜日の夕方6時頃などはいかがですか？」と、具体的な日取りや時間までを販売員である私が主体となって決め、お客様をお約束へと導くのです。

もちろん、お約束をする理由は「お客様がご来店いただいたときに、私が休暇等で不在だったり、接客中などでお待たせしてしまうなどの失礼がないようにきちんと体を空けて、責任をもって接客をさせていただきますので」という旨も同時に説明をさせていただくことが肝心です。

次回見込み客になり得ないお客様は、ここで「約束はできないなー」とか「予定が立たないからいいよ」と、はっきり断ってくれます。

その場限りの接客ではお客様に失礼。次回ご来店の約束をしっかりさせていただこう

ここでのポイントは、接客のやり取りで、商品の価格の話に至るまで深く会話が進んだお客様に対して約束を行なうということです。

お客様の心理を考えたら、日時まで販売員と約束するということはお客様のその日1日の行動の中に、あなたの店に行くという行動がインプットされるということです。その日までに、ある程度本当に必要な商品なのかどうかをよく検討して見極めなくてはと思い、同時に、販売員に対しても期待をさせたままでは申し訳ないなという考えも働きます。どうしても約束の日に来られない場合、都合がつかなくなったとお電話を入れていただけるお客様はとても多いのです。

私の場合、そこにプラスアルファし、「お客様が買う、買わないは別にして、次回ご来店いただいたときにカメラの無料クリーニングをしますので、カメラもご持参ください」と、お伝えし、お客様にとってのメリットも加味し、リピート率を上げています。

●お客様は店から3歩出たらあなたのことなど覚えていない

なぜ、そこまで約束が必要なのか？　それは通常、お店で気に入った商品を見つけ「すごく欲しい！　すごく欲しくいけれど、今すぐは決められない」というお客様は少なくありません。その理由は、衝動買いをして後悔したくないとか、友人や恋人にも一緒に見てもらいたい、奥さんや旦那さんに相談しないと買えないなど、いろいろな理由があると思います。

しかし、ほとんどのお客様は、接客を受けた商品がどれだけ「欲しい！」という衝動に駆られたとしても、一歩店の外出たら「今日の晩ごはんは何を作ろうかな？」とか「約束の時間に遅れちゃう」とか「雨が降りそうだな」など、全然違うことを考え始め、せっかく紹介した商品の存在を忘れてしまうことのほうが圧倒的に多いからです。

ですから、その場で決めきれなかったお客様に対して、具体的な約束をすることはとても大切になってくるのです。

2つ目のルールは、お名前と電話番号を当たり前のようにお伺いするというアクションです。

私は、店長から接客をしたお客様が帰られるときには、必ずお名前と連絡先をお伺いするように常日頃から指導をされていました。にもかかわらず、「売り込んでいるように思われたら嫌だな」と、自分の解釈でそれを怠っていました。

お客様のお名前を覚え、お客様をお名前でお呼びすることは、お客様との関係性を深めていくうえでもとても大切な入口になります。そんな、当たり前のことすらできていませんでした。

そして、連絡先を聞かないという行動は、そのお客様が喜ぶかもしれない自店のセール情報や新製品の情報があった場合にも、お客様にお伝えすることすらできず、お客様との関係をその場限りに終わらせてしまうことにつながるのです。

●アプローチ③　しつこいかな？　と思うくらいが印象に残ってちょうどいい

3つ目の決めごとは、次回来店のお約束をさせていただいたお客様に、その日のうちにお礼のお電話を入れるというアクションです。お客様によっては留守番電話になることも多いのですが、留守番電話にもきちんと感謝の気持ちをお伝えするのです。

これは私が尊敬する、圧倒的なお客様のリピート率を誇るサトーカメラ宇都宮細谷店の鈴木重雄店長が行なっている習慣を真似したものです。

そのお礼の気持ちを伝える具体的なアプローチはこうです。

「今日はお話を聞いてくださって、本当にありがとうございます！　ぜひ今度は私に恩返しをさせてください、今後も末永くお付き合いをいただけるように一所懸命ご対応させていただきます」と、感謝の気持ちをストレートに伝える内容です。この一本のお電話を入れるというアクションが、実はお客様にとても喜んでもらえるということを知ってください。留守番電話を聞いて、わざわざ折り返しのお電話をいただけるお客様も多くいらっしゃいます。

こういった、お客様との約束のルールをしっかり実践するアクションを繰り返したことで、お客様のリピート率はどんどん上がっていきました。お客様が戻ってこなくて悩んでいる販売員のみなさん！　ぜひ私が行なっている3つのルールを実践してみてください。必ずお客様が帰ってくるように変化が起きはじめます。

Summary

スケジュールを決める、連絡先を聞く、お礼の電話をかける。それがリピート率を上げる

Section 5-2

努力せずにお客様の名前と顔を忘れない天才販売員などいない

われわれ販売員は数多くのお客様との接客を繰り返す中で、接客をさせていただいたお客様の顔や大切なお名前まで忘れてしまうことがあります。

お客様からすれば、大勢いる販売員の中からあなたを選んでお買い物をされているわけですから、やはり顔も名前もいつまでもあなたに覚えていてほしいというのが本音です。

私も、お客様視点で買い物をしたときに「きっと覚えていないだろうなー」と思っていた販売員さんが、私に気づいて名前を呼んで親しげに声をかけてくれたときは、本当にうれしくて一気にその販売員のファンになった経験があります。

私は以前、お客様の顔や名前を覚えることが大の苦手でした。常連様のようにお店へのご来店頻度が高いお客様はいいのですが、久しくお会いしていないお客様になると、

「このお客様は誰……だったっけ……かな……!?」「あれ!? 名前が……出て……こない……!?」なんていうことが、たびたびありました。

お名前でお呼びしてお客様を喜ばせたい気持ちも十二分にあるのに、名前がどうしても出てこない。当時、店長駆け出しの身分でありながら、私はこればかりは記憶力の問題だから仕方がないと半ばあきらめていました。

そんな中、店の販売におけるエース的存在で、当時私の後輩だった滝直隆君（現・鹿沼晃望台店店長）には常連客が多くついており、お客様からは「滝さん、滝さん」と多くのファンから頼りにされてかわいがられ、個人の販売業績を大きく伸ばしていました。

彼は、お客様の名前を覚えることが天才的に優れています。一度接客をしたお客様のお名前を一撃で覚えて忘れないという彼の長所を私は尊敬しており、「君の記憶力はすばらしい」と、部下とはいえど恥ずかしげもなく、滝君に話をしたことがありました。

すると、滝君から「僕も、実は記憶力は悪いほうなんです」と、意外な言葉が返ってきたのです。

私は、「だって、滝君は自分のお客様だけじゃなく、他の販売員が接客販売をしたお客様の顔と名前まできちんと把握しているじゃないか。普通、そんなことできる人はいないよ！　それは記憶力の問題だろう？　記憶力の問題じゃないとしたら、他に何か努力でもしているの？」と彼を問いただすと、そこではじめて意外な事実が判明するのです。

お客様の顔や名前を忘れない努力が結果につながる

彼もどうやら、お客様の顔や名前を覚えられずに怒らせてしまったり、がっかりさせてしまったり数々の失敗をした体験があったようです。

そして、こんなことを言われてドキッとさせられました。それは、「竹原店長は、そもそもお客様の顔や名前を覚えようという気がありますか？」という言葉です。

その言葉には、本当に深く考えさせられました。

そして滝君は、自分自身で覚える気持ちがなかったことが問題だったことに、途中から気がついたというのです。

そこから意図的に始めたという、滝直隆流の驚くべきお客様の名前を覚える方法を聞きながら、そこではじめて私は、私と彼のお客様へ対する3つのアクションの違いを知ることとなるのです。

お客様をお名前で最低20回以上は連呼する

ひとつは、初めて接客をするお客様でも、接客中に彼はお客様をお名前で何度も呼んでいたことです。

なぜそんなことができるのか？

それは、たとえばカメラの接客をしながら、お客様が販売員である滝君と打ち解けて、お客様に笑顔が生まれるようになってきたタイミングで、必ず滝君は「お客様のことを、ぜひお名前でお呼びしたいのでお名前を教えてください」と、ズバリ！　お客様のお名前を接客の最中に聞き出していたのです。

そこからはずっと、「お客様」ではなく、鈴木様であれば「鈴木さん」「鈴木さん」「鈴木さん」「鈴木さん」とお客様のことを何度も何度も繰り返し、接客の会話の中でお客様のお名前を盛り込み名前で呼んでいました。

今までの私なら、接客中は「お客様」、そして商品のご購入が決まってお客様販売シートに必要事項をご記入いただいて、名前を確認してからお名前でお呼びしていたのです。滝君は、接客中に何度もお客様のお名前をお呼びすることでそれを覚え、さらにはお客様との距離を縮め、お見送りをする最後の最後までお客様をお名前でお呼びして覚えるという努力を行なっていたのです。

その数は20回以上です。私は納得せざるを得ませんでした。

●お客様の顔を今、はっきり覚えようと思って意図的に接客をする

お客様の名前だけではなく、顔も絶対に忘れない滝君は、お客様の顔を今、この瞬間、接

客中に絶対に覚えようという意識を常に働かせていることを知りました。話を聞くと、以前販売をしたお客様の顔を忘れてしまい、当然自分のことを覚えてくれていると思って来店されたお客様をガッカリさせてしまった経験が彼の意識を高めたようです。

さらに彼から話を聞き出していくと、滝直隆流のお客様の顔の覚える手法を教えてくれました。

まず、お客様の目、眉毛、鼻、口の順番に、顔のパーツを意識しながら意図的に記憶をしているということです。たしかに、私もお客様の気持ちを読み取ろうと、目を見て接客をするように心がけてはいましたが、お客様の顔まで絶対に覚えようと意識してまでは接客をしていませんでした。

やはり、人よりも秀でた販売員の持つ能力は、自らの努力で育んだ賜物だと私は実感させられました。

●お客様のことをその日のうちに思い返す

滝君が徹底して行なっていたもうひとつの行動。それは、一日の業務が終わる前にその日販売をしたお客様の顔を1人1人必ず思い浮かべるということです。

そのときにもやはり、目、眉毛、鼻、口の順番にお客様を思い浮かべて、販売シートを見ずに自分が販売したお客様のことを思い浮かべ、名前がちゃんと出てくれれば、その後も80％以上の確率でお客様のお名前を記憶できていると話してくれました。

私が、その日から滝直隆流のお客様の覚え方を徹底して実践し始めたことは言うまでもありません。

その結果、わかったことは「そもそも、私自身にお客様のことを覚えようという意思がなかった」ことを思い知らされました。

そして、大きく変わったことがあります。

それはお客様の顔と名前を覚えると、店で2度目3度目とお客様とお会いしたときに、自らお客様へお声がけをすることに自信が生まれ、お客様に対して、より積極的に接することができるようになったことです。

理由は簡単です。

以前は、お客様のことをあやふやな情報でしか記憶していなかったために、お客様に対する積極性が薄れていました。しかし、お客様のことをはっきり覚えていれば、お客様をお名前でお呼びして、「私は、○○さんをちゃんと覚えていますよ」ということを、お客様自身に知ってもらって喜んでいただきたい！　これからずっと店に通っていただけるようなお付き合いをしていきたい、という積極性が生まれるのは実際に販売した当人として当たり前の心理なのです。

滝直隆流のこのアクション、ぜひやってみてください！　あなたのファンが増えることで売上はズバリ3倍！　は上がります。

Summary

お客様のことをしっかり覚えるには努力が必要。でも、その努力は売上げ3倍につながる

Section 5-3

自分だけのお客様にしないことが、自分の売上げを伸ばす！

販売をしたお客様がリピーターとなり、われわれ販売員を目当てに店に通っていただけるファンのお客様がいることは、販売員個人にとってとても喜ばしいことです。販売員として、あなたにもきっとそういったファンのお客様が必ずいると思います。そのお客様を大切に思い、末永く自分のファンとして、いつまでも店に通って買っていただきたいと思うのであれば、自分1人でお客様を囲わず、そのお客様を自店の販売員全員にどんどん紹介をすることをお奨めします。

お客様を紹介してしまったら、他の販売員にそのお客様を取られてしまうのではないかと思っていませんか？　そういった考えの販売員が多くいることを、私はいつももったいないなぁと思うのです。

なぜなら、よく考えてみてください、お客様からすれば、顔馴染の販売員が1人しかいない店よりも2人、3人、4人、5人とたくさんいて、なじみの販売員が多ければ多いほど、店に行くことがもっと楽しくなる、そう思うのがお客様の当然の心理だからです。

そしてそれが、来店回数が増え、さらにあなたからお買い求めいただく商品も結果として増え、永続的に店を支援していただける強力なファンのお客様になっていただけるということを知ってほしいのです。

●お客様が愛着を持てる店づくりにはマンパワーが肝

想像してみてください。

来店したあなたに気がついて、笑顔で近寄ってきてくれて名前を呼んで挨拶もしてくれる。困ったことがあったら、気軽に商品の相談ができて、自分の好みも覚えていてくれて、ときには雑談話で盛り上がれる、何も買わなくてもゆっくりと、お店で商品を選べる雰囲気を意図的に作ってくれる。そんな馴染みの販売員が1人ではなく何人もいる店。お客様からしてみれば、自分がとても大切にされているように感じ、居心地もよくなります。そして、友人や家族にも紹介したくなり、何より、店そのものが「自分の店」だという愛着が必ず湧くものです。

これも、繰り返し店に足を運んでいただけるような超常連さんを多く作るための重要なポイントである、と私は考えているのです。

お客様は、あなただけのお客様ではなく、あなたの店のお客様だということを、われわれ販売員は忘れてはなりません。

たまたま、最初にあなたが接客を担当したことがきっかけであなたを目当てにご来店いただけることになったかもしれませんが、もしあなたの休みや出張時に、お客様があなたを目当てに来店されたとしたらたいへんがっかりされるはずです。違う日にもまた同じようなことがあったとしたら、徐々にそのお客様はその店から足が遠のいでいくでしょう。そんなときは、あなたの店の他の販売員はどんな応対をしてくれていると思いますか？

また、逆の立場のときにあなたはどんな応対を心がけていますか？　当然、自分のファンにもなっていただこうと努力しなくてはならないのです。それがお客様のため＝あなたのファンを増やすことでもあるのです。

私の経験上、やはりお客様は企業力やブランド力や商品力も大切ですが、多くの場合は最終的に、販売員である「人」につくと実感しています。

あなたがもし、転勤になってしまったら、あなたのことしか知らないお客様は店に遊びに行っても、どの販売員からも一見さんのような応対をされるはずです。お客様からすれば、たまったものではありません。それでは、まるでお客様は浦島太郎状態です。

ですから、今日からでも「あのお客様は私のお客様」とか「あのお客様はスタッフの○○さんのお客様」とか、店舗内で販売員同士、お客様を囲って分けるのではなく、みんなの店のお客様だという意識を高めて接していただきたいのです。そういったＯＪＴを、店全体の販売員で今すぐにでもお客様のために行なってほしいのです。

●お客様にとって知らない販売員がいないことはハッピー

私は、自分がカメラを販売したお客様には、自店の販売員全員を必ず紹介します。お客様は顔馴染みであり、頼りになる販売員が大勢いる店には当然足を運ぶことが増え、さらにそれがお客様のためであることを、私は知りつくしているからです。

他の販売員が販売したお客様にも、自ら積極的にお声がけをするようにいつも努めています。お客様は販売員のお客様ではなく、その店のお客様であり、担当者不在によりお客様のことを誰も知らないということがお客様にとって失礼であり、店に足を遠ざけしてしまう要因になり得ることを経験で知っているからです。

それらの繰り返しが、結果として店全体のファンのお客様が増えることにつながり、最終的にあなた自身のファン客が拡大することにもなり、売上増に必ず直結してくることになっていくことを、ぜひ知ってください。

ありがたいことに、私の店では毎日のようにお客様からは「みんなで食べて」と、差し入れを大量にいただいており、食にも不自由していないところも含めて（笑）、この手法が間違っていないことを物語っていると私は確信しています。

Summary

お客様は囲い込まないこと。結果として、それがあなたのお客様を増やすことになる

Section 5-4

お客様の趣味嗜好を覚えることで、お客様のハートを鷲掴みに

販売員によって、たくさんのお客様がついている販売員と、そうでない販売員がいます。

それらを人間的な魅力だけで片づけてはいけません。何にでも必ず理由はあるからです。

もちろん、話していて楽しいとか、親切にしてくれるとか、商品に詳しくて丁寧に教えてくれるとか、それらのこともお客様がその販売員により多くつく理由になります。

しかし、私から言わせれば、それらは接客をする販売員として当たり前のことであり、それだけでは絶対的にお客様の印象に残る販売員には残念ながらなれません。

私が実践し、人の何倍ものお客様を獲得している理由のひとつをご紹介します。

それは、お客様が来店されるたびに「新しい情報を常に提供をし続ける」ということです。

これが絶対に大切なのです。

どんな情報を提供したら、目の前のお客様は喜んでいただけるかな？　と、いつもお客様のことばかりを考えるのです。それだけで、大勢いるお客様の1人でしかなかったお客様か

ら、何度も足を運んでもらえるお客様になり、高額なお買い物までしていただけるような超お得意様へと変わっていくことが多いのです。

ここでのポイントは、販売させていただいたお客様に、販売レポートを残すということです。販売レポートとは、お客様のお名前やご連絡先をご記入いただき、ご購入商品を記入し、備考のメモ欄には販売員がお客様のことや趣味嗜好を忘れないように記したものです。

なぜ、私がこのようなことを実践する思考が身についたかというと、それには身をもって体感した実例があったからです。

私は昔から洋服が好きで、とくに独身時代は給料の半分以上を洋服につぎ込んでいたくらいでした。しかし、とくに「ここの店で買う！」というこだわりはなく、いつもいろいろな店を吟味した上で、その中で自分の好みの服があったら購入するという買い方でした。

もちろん、好きなブランドの新作情報はネットサーフィンで検索するなど、いつもアンテナは張っています。あるとき、見知らぬ番号からケータイに着信があり、留守電を確認し折り返し電話をかけてみました。

電話の相手は、以前洋服を購入させてもらった店の販売スタッフでした。

「竹原さん、先日はどうもありがとうございました！　今、お電話大丈夫でしょうか？　実は竹原さんが、絶対に気に入ってくれそうなシャツが入荷したんですよ。このあいだ、お買い物をいただいたときに竹原さんの好みをきちんと覚えていたので、私から見ても間違いなく、竹原さんに喜んでもらえるシャツだと思うんですよね！　しかも、1着限定なので、これは竹原さんに伝えないと申し訳ないと思ってお電話しました！　今日あたりご来店できませんか？」という内容です。

そこまで言われると、「自分の趣味嗜好を覚えていてくれてうれしいなー」という思いとどんな服なのか気になるのが、人間の性というものです。

私は、「わかりました！　夕方過ぎに伺います」と伝えて店へと向かいました。

店に入ると、電話をくれた販売員さんは、まだ店に出していない服をバックヤードから未開封の袋に入っている状態で大切そうに持ってきてくれました。その姿を見ているだけで、何だか特別扱いをしてもらっているようで、テンションが上がりうれしくなりました。

テンションが上がった私は、奨めていただいた商品と、次回入荷するというメンズ誌に載っている私好みのジャケットまで紹介を受け、自社の社内パーティーの日取りも近いこともあり、その場で即、購入と予約をしてしまいました。

さらに帰り際には近々、フェアが始まることも教えてくれました。その日から、私の洋服の買い方は完全に変わりました。季節の変わり目になって服が欲しいと思うと、真っ先にその店とその店の販売員さんが思い浮かぶようになったのです。

そして、たまには他の店で浮気をすることもありますが、その店というよりも、そのスタッフさんからしか服は買わなくなってしまいました。その店に行けば、顔馴染みとなった販売員が私の趣味嗜好をちゃんと理解してくれていて、ピンポイントに私の気持ちを汲み取った商品やイベント情報を提供してくれるのです。「ツーと言えばカー」のようなやり取りは、客視点で言わせてもらうと、非常に楽なのです。私が買った服も全部覚えていてくれているから、家の洋服棚に入った、過去に買った服と店に陳列された商品とでトータルコーディネートまでしてくれます。

自分で選ぶのも買い物の醍醐味ですが、その道のプロが、客の趣味嗜好を理解してくれた上で自分にぴったりのものをズバリ言い切って選んでくれるという買い方ができる店は多いようで、実は圧倒的に少なく、他店との大きな差別化にもなるのだということも身をもって体験しました。

お客様のほうからとくに用事がなくても、あの店に行けば、あの販売員がいつも何かしら自分のためになる「情報」を教えてくれるから店に遊びに行ってみようか、という気持ちも来店動機になることを、われわれ販売員は知っておかなければなりません。また同時に、販売員としてお客様の来店を待つ「待ちの姿勢」ではなく、お客様へ来店を促すような積極的な「攻めの姿勢」が大切なのです。

私は、この販売員の「お客様の趣味嗜好を覚えて、新しい情報を常に提供する」といった実践行動を自分の接客スタイルにも取り入れてからというもの、名前と顔がわかって、用があれば私からお客様へ電話ができる気心が知れたお客様が10人、50人、100人と増え、今では1000人以上になりました。毎日、私の店では「竹原店長いるー?」というお客様からのお問い合わせが、ありがたいことに後を絶ちません。

Summary

お客様の趣味嗜好を覚えて新しい情報を提供することが、あなたを指名する動機となる

Section 5-5

赤の他人でも、お客様同士を結びつけたら客数が3倍

私たち販売員にとって大切なことは、本部任せにしない店舗による集客です。わざわざチラシを撒いたり、DMを送ったりお金をかけたマーケティングを行なわなくても、今の時代、身近になったSNS等を利用することは集客をすることにおいてとても大切なことです。とくに、FACEBOOKを活用することは、お金をかけないで集客する無料販促ツールになるということをぜひ知っておいてください。

友達の友達はまだ見ぬカスタマー

FACEBOOKを始めると、「知り合いかも?」と大勢のFACEBOOKに登録しているユーザーの名前がでてきます。その1人1人は友達ではありません。まだ見ぬカスタマーだと捉えるのです。すると、とんでもない数の将来のお客様がすぐ目の前の地域に数多くいることに気がつくはずです。新規客にもなり得る、店に来たことがないまだ見ぬカスタマ

ーが、このＦＡＣＥＢＯＯＫの世界には大勢いるのです。

私の店では、販売員全員がＦＡＣＥＢＯＯＫをしており、16人いる販売員は平均しても１人１０００人を超える、お友達という名のお客様と交流をしています。さらに、サトーカメラ宇都宮本店のＦＡＣＥＢＯＯＫページにも登録しています。店の商品やイベントを世の中や地域に宣伝したいと思えば、商品を写真で撮影したりイベント情報を投稿するだけで何千人ものお客様の目にとまるわけですから、すぐに商品の実売につながったり、イベントの集客につながったり、来店されたことのないお客様には自店を知っていただく大きなきっかけにもなるのです。

たとえば、ＦＡＣＥＢＯＯＫページを開設した当初、こんなことがありました。

２０１２年の秋のことです。ハロウィンを１週間後に控えた頃、思いつきですがハロウィンをイベントとして集客して店を盛り上げたいと考え、今年はみんなでコスプレの仮装をしようと店独自の計画を立てました。しかしこれだけでは、直接的な商売には結びつきません。どこでもやっている、販売員がコスプレをしただけの自己満足で終わってしまいます。それでは、イベントとして集客にはならないので自店で勤務する若手女性販売員にモデルになってもらい、店内に特別なスタジオを組み立ててお客様を集客しコスチューム撮影会と称して、フォトコンテストも同時に開催したら面白いのではないか？　と私が企画すると、若手女性販売員たちもキレイに撮ってほしいと、みんなノリノリです。しかし、ハロウィンは1週間後に迫っていて集客する時間がありませんでした。

もちろん、店頭でも集客もしましたが、広く深く一気にお客様へ周知いただくことは困難な状況です。ここで、ＦＡＣＥＢＯＯＫのすごさを思い知ることになるのです。

ＦＡＣＥＢＯＯＫで、サトーカメラ宇都宮本店若手女性販売員によるハロウィンコスチュームモデル撮影会の投稿を読んだお客様たちからすぐに参加のコメントやメッセージを次々にいただき、さらにサトーカメラ宇都宮本店の存在をまったく知らなかった県外のお客様にまで投稿が読まれ、地域外のお客様までご来店をいただき、その後も遠方から店をご利用いただけるような常連客になっていただくことができたのです。

●お客様の楽しみが詰まり、地域をまきこんだ店づくり

その結果、思いつきで企画したイベントにもかかわらず、写真の腕を上げたいありとあらゆる層の20代から70代の男女総勢１００名ものお客様が参加され、大いに盛り上がりイベントは大成功しました。お客様からも本当に喜んでいただくことができました。

さらにそこで、イベントに参加されたお客様同士がコミュニケーションを取り合い、お互いにプリントした写真を見せ合ったり、使っている機材を奨めあったりしながらお客様がお

客様にカメラや交換レンズを接客しはじめ、ご購入をいただくという、何とも不思議な光景を目の当たりにしました。これには本当に驚きました。そして、撮影会に参加されたお客様が後日、偶然店で会ったときには「あのときはどうも！」と、親友と話すように仲良よさそうに、共通の趣味であるカメラや写真談義に華を咲かせ、楽しく語り合ったりしているではありませんか。

その現象を単なる偶然にせずに、意図的にお客様とお客様を私たちアソシエイトがどんどんつないであげたら、お客様はもっと楽しくなるのではないか？　店に足を運ぶ楽しみが増えるのではないか？　と仮説を立てました。1人で写真を撮る喜びもありますが、みんなで撮る喜びもあります。1人で撮った写真を眺めるのもいいけれど、恥ずかしくても、他人や仲間に写真を見てほしいという欲求も絶対にあるはずです。

お客様は、サトーカメラ宇都宮本店に遊びに行くことで、たくさんのお客様と出会い、仲間ができる。そこから、FACEBOOKでもお客様同士につながっていただくことができれば、その場限りの関係ではなく、もっとお客様同士が深く関わり合える。そんな店にできたら、「すてきやん♥」と、私は中期的にビジョンを思い浮かべ、本格的にFACEBOOKで私たちアソシエイトがお客様とお友達になること、FACEBOOKでイベント集客をすること、そこでお客様とお客様を紹介してつなぐ役割を私たちが意図的に行なうことを徹底して実践していきました。

お客様が自分を活かせる場所を提供する

そして、２０１２年のサトーカメラ宇都宮本店オープン10周年パーティー、２０１３年の11周年パーティーでは、総勢２００名を超えるお客様がお祝いに駆けつけていただくほど、店のファンが拡大していきました。パーティーといっても、私たちサトーカメラ宇都宮本店のアソシエイトとお客様、お客様とお客様をつなぐ親睦の飲み会です。しかし、それは地元のテレビ局も取材で取り上げられるくらいの騒ぎでした。

信じられないかもしれませんが、すべて本当の話です。さらに、お客様同士が共通の趣味である写真撮影へ一緒に出かけるグループも多数誕生しました。たとえば、カフェ撮りが好きな女子カメグループや、ディズニーランド撮影大好きグループ、山岳グループ、星撮りグループ、写真好きの地元の大学生グループ、写真をデコレーションするママ友グループ、カメラ女子の女子高生グループなど、さまざまなお客様が来店をされたことをきっかけに出会い、私たちアソシエイトが仲介したことで出会い、いくつものグループが誕生して仲間が増え、トータルな店の客数も急激に伸び続け、売上げも格段にアップしました。

それぞれのグループの待ち合わせ場所は、もちろんわがサトーカメラ宇都宮本店。お客様同士はFACEBOOKやLINEでつながっていて、○○さんがサトーカメラに来ているという情報を知り、それじゃあ、私も遊びに行こうといった感じで、平日でも週末でも、とくに目的もなくお客様がみんな続々と集まってきます。

そこに共通しているのは趣味のカメラや写真ですから、店内でカメラ談義に華を咲かせたり、写真をプリントして見せ合ったり、店で無料で開放している写真のデコフォトコーナーを利用したりしています。また、最新号のカメラ雑誌も、すべて座り読み自由にしていますので、お客様は1人でも飽きることはありません。店に並べられたたくさんのテーブルやイスは、すぐに埋め尽くされていきます。

もちろん、コーヒーやお茶もサービスでお出ししているため、一日ゆっくり、まったり、ゆるーく、ゆるーく、過ごしていただくことが実現しています。

●人が集う場所を創り出すことが販売員の使命

今、流行の回転率や効率を求めるような商売とは、まるで逆を行く商売スタイルです。アソシエイトもお客様同士の会話に参加しながら、会話は尽きることがありません。そんな中から、男女のカップルが誕生することもしょっちゅうです。

私の店で知り合って結婚までしたお客様は、なんと10組を超えました。そのときの婚姻届に、私が見届け人のサインをしたこともあるくらいですから、どれだけお店とお客様、お客様とお客様との関係がディープかは察しがつくと思います。

本部に頼らなくても、こういった店独自の取り組みが店のファン拡大に大きくつながること、お客様は楽しいから面白いから店に遊びに来てお金を落とすのだということを、私は身をもって体感しました。これは、インターネット販売では得ることのできない最大限のお客様の楽しみであり、リアル店舗の最大の強みであると私は捉え、今日もたくさんのお客様とお客様が自店で知り合い、お友達になっているのです。

Summary

お客様とお客様を結びつける場としての店舗づくりを実践する

おわりに

最後までお読みいただき、ありがとうございました。

私は学生の頃から何をやっても負け続けの人生でした。クラスでも部活でもリーダーになることもない、何かで一番になることもない、何をやっても中途半端……「変わりたい、変わりたい！」と思い続けながら、サトーカメラに入社するまで、ごくごく平凡かそれ以下の人生を送ってきました。

そんな私がはじめて本を出版したいと思ったのは、25歳のときです。

私の尊敬する上司、サトーカメラ㈱代表取締役専務である佐藤勝人が37歳のときに、著書『日本一のチラシはこうつくれ！』（文芸社）を出版した際、自分の直属の上司が世の中に向けてビジネス書を出版したことが、まるで自分のことのようにうれしく、誇りに感じたものです。

そして、心から尊敬の念を抱き、心が熱くなるほど憧れたことを今でもはっきり覚えています。それはもちろん、私だけではなく、社内のアソシエイト全員のモチベーションにもなっていました。

私が生まれてはじめて読んだ本が上司の本であり、生まれてはじめて最後まで読んだ本が上司である佐藤勝人専務の本だったのです。

佐藤勝人専務の出版記念パーティーに出席した際、私は他の参加者と一緒に列に並び、本にサインをお願いしました。

そのときに言われた言葉があります。

「何でもいいからひとつのことでダントツ一番になれ！　そうしたら、将来、竹原は絶対に本が書けるよ」という、衝撃の一言でした。

本当にうれしかった。

何をやっても中途半端で鳴かず飛ばずの自分に対して、本気で向き合って夢を見せてくれる大人が目の前にいたことが。

自分もそんな大人になりたいと心底思いました。

それまで、私の行方不明になっていたスイッチが見つかり、強く押された瞬間でした。絶対に何かでダントツ一番になって、この人に恩返しがしたい！　そして、将来、自分もお客様やアソシエイトにも影響を与えられるようになって本を出版したいと、本気で考えるようになったのです。

あれから、12年が経ちました。
実際に、こうやって自分が本を出版できたことを本当にうれしく感じます。
そして今では、こんな私に対して「上司が本を出すなんて誇りに思います」と言ってくれるアソシエイトたちがいます。

影響を与えてもらい、私の人生は変わりました。それと同じように、今度は私自身が、お客様、アソシエイト、そして自分に関わるすべての人に影響が与えられるようにならなければなりません。そのためには、３６５日24時間、もっともっとあらゆること、あらゆる方から学び続けていきます。

いつもサトーカメラをご支援いただいている地域のお客様に、私は今も育てていただいております。かわいがっていただき、本当にありがとうございます。

私の出版を強力に後押ししていただいた経営コンサルティングアソシエーションの宮内亨先生には、本当にお世話になりっぱなしです。いつも本当にありがとうございます！

そして無名の私を信じてチャンスを与えていただいた同文舘出版の古市達彦編集長、本当にお世話になりました。ありがとうございました！

サトーカメラ代表取締役佐藤千秋社長、こんな私を面接で拾ってくれて根気強くご指導いただけたおかげで、毎日、サトーカメラを通し楽しく学び、成長することができています。チャンスを与えてくださり本当にありがとうございます！　まだまだお世話になります。

生まれてはじめて、私に衝撃的な影響を与えてくれた佐藤勝人専務、本当にありがとうございます！　恩返しとして、必ず師匠超えを果たしてみせます！

小さいころから仕事に対する姿勢を後ろ姿でいつも力強く教えてくれた父、「嘘はつくな、人に誠実であれ」と、今思えば商売の大切な根幹を小さなころから教えてくれていた母、若いころから私をサポートしてくれている戦友であり同士である妻、そして、私の世界で一番大切な宝物である2人の息子、愛猫のミミとムム。本当に、本当に感謝しています。ありがとう！

最後に、この本から少しでも影響を受けて実践し、プロの販売員として活躍される読者が1人でも多く現れるよう、心から願っています。

著者

著者略歴
竹原 賢治（たけはら けんじ）

1976年9月生まれ。2001年サトーカメラ㈱入社。

入社1週間で店長との不仲からサトーカメラが嫌いになり、やる気ゼロ、人気ゼロ、反発心だけは100％アクセル全開の問題児販売員としてキャリアスタート。

お客様との接客を通した関わり合いの中で売れずに何度も傷つき、その繰り返しの中で、人は傷ついてはじめて多くの気づきを得ることを知る。

「お客様の人生に影響を与える接客で自己成長！」をモットーに、サトーカメラ宇都宮本店店長を務めながら数々の販売日本一記録を樹立。10万人商圏においてデジタル一眼レフカメラ・交換レンズシェア80％を叩きだす店の現役のトップ販売員。栃木県カメラ・交換レンズの年間消費支出、堂々の全国第一位に大きく貢献している。

〈講演・セミナーのお問い合わせ、ご意見・ご感想をお気軽にお寄せください〉
日本販売促進研究所
〒321-0904
サトーカメラ株式会社宇都宮本部
栃木県宇都宮市陽東3-27-15
TEL：028-613-6686
FAX：028-613-6687
E-Mail：k-takehara@satocame.com

「こうやって売ればいいんだよ！」

平成27年1月8日　初版発行

著　者　竹原賢治
発行者　中島治久
発行所　同文舘出版株式会社
東京都千代田区神田神保町1-41　〒101-0051
電話　営業：03(3294)1801　編集：03(3294)1802
振替　000100-8-42935　http://www.dobunkan.co.jp

ISBN978-4-495-52891-1
印刷／製本：三美印刷
Printed in Japan 2015